JN300789

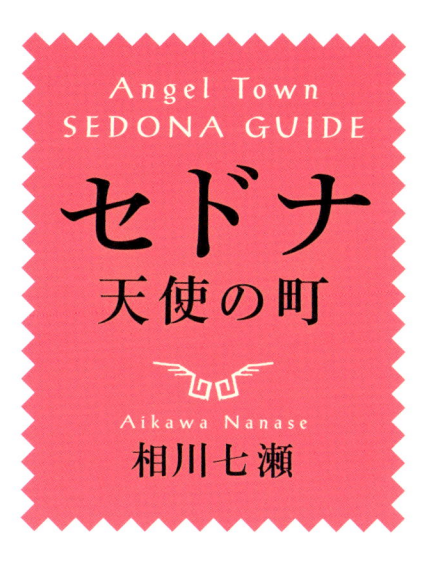

Angel Town
SEDONA GUIDE

セドナ
天使の町

Aikawa Nanase
相川七瀬

実業之日本社

旅

あなたは旅人です
無限の彼方から
地球にやってきた
美しい生物（いのち）
賢い生命
尊い人

あなたは旅人です
無限の本源へと
いつか還っていく
美しい心
賢い人生
尊い身体（からだ）

「よい旅を　どうぞ」
「また　お会いしましょう」
「無限に続く　新しい旅を！」

──中森じゅあん『天使の愛』より

はじめに

　私がセドナという場所に魅せられて、8年がたちました。一度はセドナに住む計画を立てたほど、私はこの町に強く運命を感じました。
　この町には、あらゆる天使がいます。スピリチュアルな天使、リラックスさせる天使、素敵な出逢いを呼ぶ天使 etc.
　この町にいると、忙しい日常生活で忘れていた自分らしい笑顔や素直さが、自然と出てきます。最初は、どうしてこんなにも自分がオープンになれるのか不思議でしたが、今はきっとそれはセドナの天使の仕業なんだと思っています。
　セドナは私の人生の節目にいつもヒントを与えてくれ、冷静にさせてくれて、新しく生まれ変わるアイデアをくれます。
　身体と心と魂が綺麗(きれい)に交わっていくことがどれほど大切なことなのか、考え方をリセットさせてくれたり、教えてくれる。
　人生の中で、こんなにも縁を感じる場所というのは、そう多くないと思いますが、私の中でのセドナは魂の故郷のような、懐かしいにおいが漂うような、そんな場所です。
　私が感じてきたセドナを、こうしてみなさんに伝えられるのも、きっとセドナの天使が背中を押してくれたからだと思います。

　さぁ私と一緒に出かけましょう。セドナ 天使の町へ。

Contents

- *003* はじめに
- *006* セドナ基本情報
- *008* フェニックスからセドナへ
- *010* セドナ市内交通
- *012* ボルテックスへのアクセス

014 **VORTEX**　ボルテックスガイド

- *016* エアポートメサ
- *022* カセドラルロック
- *030* ベルロック
- *036* ボイントンキャニオン
- *042* チャペル・オブ・ザ・ホーリークロス
- *046* レッドロック・クロッシング

050 **エッセイ　最初の旅**

- *051* セドナとの出会い
- *052* セドナのお母さんCHIZUKOさん
- *056* セドナデトックス!?
- *058* サイキック・リーディング体験
- *060* 変化を知らせたエンジェルカード

062 **Welcome to SEDONA!**　セドナタウンガイド

- *064* アップタウンセドナ
- *074* ショップス・アット・ハイアット・ピニオンポイント
- *077* テラカパキ・アーツ＆クラフツビレッジ
- *082* ヒルサイド・セドナ
- *084* ウエストセドナ

094 **ホテル＆スパガイド**

- *098* オーククリーク・キャニオン
- *100* アンテロープキャニオン

102	セドナの夜の話
103	はじめての夜の虹
104	魂のエステ・月光浴
105	鳥のような流れ星
106	**スピリチュアル＆ヒーリング体験**
106	スウェット・ロッジツアー
108	ワンダのサイキック・リーディング
109	パトリシアのマヤン・ヒーリング
110	コマラのサウンドレゾナンス
112	キアラのブレスワーク
114	ジョンのディジュリドゥ
115	ディビオのホットストーン・マッサージ
116	赤い土のクレイパック
117	おすすめ！セドナブランドの自然派スパ製品
118	セドナの石の話
118	石との不思議な出合い
120	家に帰りたがった石
121	セドナで出合った可愛い石たち
122	**エッセイ　内側への旅**
122	セドナで「声」が聞こえる訳
125	変化している人が惹かれる場所
128	忘れられない3度目のセドナ
130	自分の内側の旅へ
132	セドナに「呼ばれる」ということ
134	終わりに

セドナ基本情報

セドナはアメリカ・アリゾナ州の中北部にある、標高1371m、人口約1万人の町。

ネイティブアメリカンの聖地であり、大昔からずっと聖なる儀式と祈りの場でした。世界的なパワースポットとして、スピリチュアルな癒やしを求める人々が数多く訪れます。

✈ 日本からのフライト

ロサンゼルスやサンフランシスコなどで乗り継ぎ、フェニックスへ。成田空港からフェニックス・スカイハーバー国際空港まで、乗り継ぎ時間を入れて約13〜14時間。

●**フェニックス・スカイハーバー国際空港**
Phoenix Sky Harbor International Airport　TEL（602）273-3300
http://www.phxskyharbor.com/

⏰ 時差

日本とセドナの時差は、16時間（セドナは日本のマイナス16時間）。サマータイムは採用していません。また、アメリカ国内での時差にも注意。

☀ 気候

年間を通じて晴れの日が多く、過ごしやすい気候ですが、夏は日差しが強く、雷をともなったスコールも。朝・晩と日中で寒暖の差が大きいので、服装の基本は「重ね着」。夏も冷房対策に、薄手の上着があると便利。砂漠地帯でとても乾燥しているので、常に水分の補給を！　ハイシーズンは3〜5月、9月中旬〜10月。

🔌 電圧とプラグ

アメリカの電圧は120Vで、プラグは2つまたは3つ穴タイプ。日本は100Vなので、電圧が低いものならそのまま使えますが、長時間使用する際は変圧器が必要。

💰 通貨

ドル dollar（＄）とセント cent（￠）。＄1＝100￠。

● **チップ**

チップを払う習慣があります。レストランやタクシー、ツアーガイドなどには、合計金額の15〜20％、ホテルのベルボーイには荷物1個に＄1が目安。ヒーリングや占いなどのセッションにも、15〜20％のチップを。チップを手渡す際は、必ず紙幣で。

● **両替**

セドナのホテルでは、円からドルへの両替ができません。銀行も、Chase Bank以外では、口座を持っていない限り両替はできないので、日本を出発する前に現金やトラベラーズチェックを用意するのがベスト。また、クレジットカードは必須。
＜Chase Bank＞1300 West Highway 89A, Sedona, AZ 86336　TEL（928）282-4127
＊両替をする金額により手数料（＄5〜）がかかります。

✉️ 郵便

日本への航空郵便料金は、はがき98￠、封書（約28gまで）98￠。約1週間で届く。ザ・ワイの交差点のそばやウエストセドナに、郵便局があります。

📞 電話

町中には公衆電話が設置されていますが、携帯電話があったほうが便利。

＜日本からセドナへ＞　　例：（928）123-4567にかける場合

| 電話会社識別番号※ | - | 国際電話識別番号 010 | - | アメリカの国番号 1 | - | 928 | - | 123 | - | 4567 |

※KDDI（001）、NTTコミュニケーションズ（0033）、ソフトバンクテレコム（0061）
　マイライン、マイラインプラスに登録している場合は不要。

＜セドナから日本へ＞　　例：（03）3535-3361にかける場合

クレジットカードが使用できる公衆電話（ホテルのロビーなどにある）の利用や、フォンカード（コーリングカード）と呼ばれるプリペイド式のカードの使用がおすすめ。クレジットカードの場合、カードをバー読み取り部分にスライドし、ダイヤルをどうぞ、のアナウンスが聞こえたら1を、次に以下の番号をダイヤルする。

| 国際電話識別番号 011 | - | 日本の国番号 81 | - | 0を取った市外局番 3 | - | 3535 | - | 3361 |

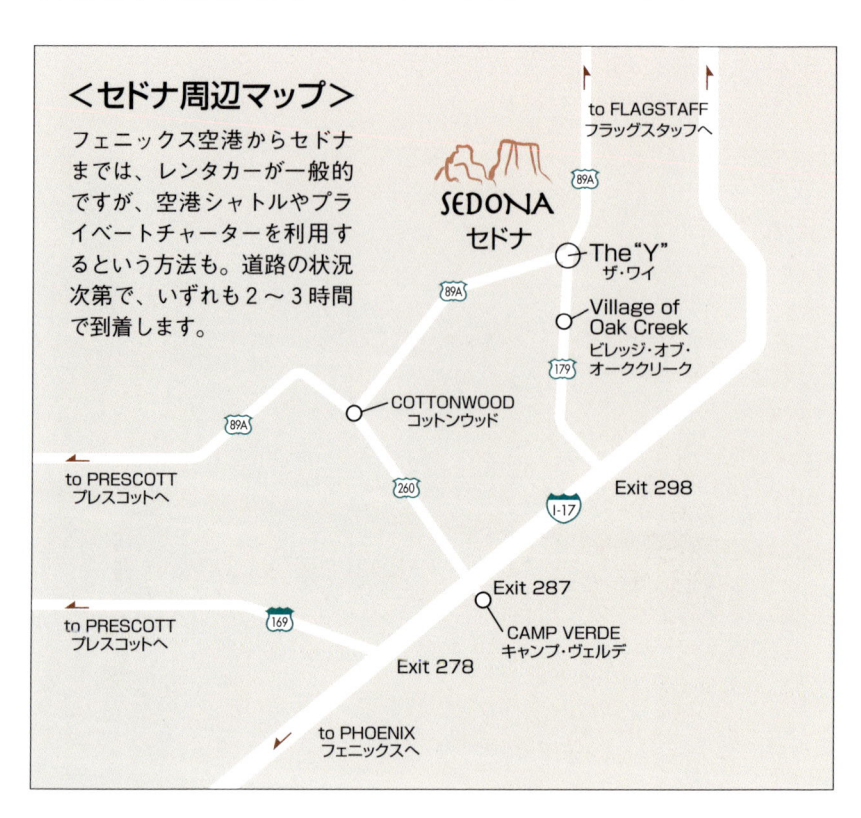

フェニックスからセドナへ

<セドナ周辺マップ>

フェニックス空港からセドナまでは、レンタカーが一般的ですが、空港シャトルやプライベートチャーターを利用するという方法も。道路の状況次第で、いずれも2〜3時間で到着します。

- SEDONA セドナ
- to FLAGSTAFF フラッグスタッフへ
- The "Y" ザ・ワイ
- Village of Oak Creek ビレッジ・オブ・オーククリーク
- COTTONWOOD コットンウッド
- Exit 298
- to PRESCOTT プレスコットへ
- Exit 287
- CAMP VERDE キャンプ・ヴェルデ
- Exit 278
- to PRESCOTT プレスコットへ
- to PHOENIX フェニックスへ

🚗 レンタカー

所要時間は約2時間。空港内には12社が営業しています。フェニックスから1-17を北へ向かい、Exit 298を左折して179に入り、ビレッジ・オブ・オーククリークを過ぎて15分ほどで、セドナのThe"Y"（ザ・ワイ）と呼ばれる交差点に着きます。（右は日本の代理店の連絡先）

●ハーツレンタカー
Hertz　TEL(0120)489-882
http://japan.hertz.com

●アラモレンタカー
Alamo Rent A Car　TEL(0120)088-980
http://www.alamo.jp

●ダラーレンタカー
Dollar Rent A Car　TEL(0120)117-801
http://www.dollar.co.jp

空港シャトル

●セドナ・フェニックスシャトル
Sedona-Phoenix Shuttle　TEL(928)282-2066
http://www.sedona-phoenix-shuttle.com
片道＄50、往復＄90（チップ別途）

フェニックス空港とセドナの間を1日9往復。所要時間は約2時間30分。バゲージクレームの向かいにブースがあります。ルートは、フェニックス空港―キャンプ・ヴェルデ―コットンウッド―ウエストセドナ（Sedona Super 8 Motel→P 89）―ビレッジ・オブ・オーククリーク（La Quinta Inn Sedona）。電話での予約が必要です。

空港からセドナ

空港発	ウエストセドナ着
9:00	11:30
10:00	12:30
11:00	13:30
12:00	14:30
13:00	15:30
14:00	16:30
16:00	18:30
18:00	20:30
20:00	22:30

セドナから空港

ウエストセドナ発	空港着
5:00	7:30
6:00	8:30
7:00	9:30
8:00	10:30
9:00	11:30
10:00	12:30
12:00	14:30
14:00	16:30
16:00	18:30

注意点

シャトルといっても小型のバンなので、特にハイシーズンは早めに予約を。ただし空席があれば、予約なしでも乗せてくれます。空港からセドナ行きの最終は、午後8時。万が一、飛行機が遅れた場合は後がないので、遅いフライトでのフェニックス着は、注意が必要です。

●エース・エクスプレス
Ace Xpress　TEL(928)639-3357／(800)336-2239　FAX(928)649-2720
片道＄60、往復＄99（チップ別途）

予約状況に合わせて不定期に運行する空港シャトル。セドナでのピックアップ、ドロップオフの場所を指定できます。早朝や深夜の予約は3週間前までに。

プライベートチャーター

ピックアップ、ドロップオフの時間と場所を指定できます。要予約。

●ホワイトタイ・トランスポーテーション
White Tie Transportation　TEL(928)203-4500
http://www.whitetietransportation.com　reservations@whitetietransportation.com
空港～セドナ間の移動以外でも、チャーター可能です。
空港とセドナのホテルを結ぶシャトルも運行。（http://www.sedonahotelshuttle.com）

セドナ市内交通

　セドナには、ヴェルデ・リンクス（セドナと隣町のコットンウッドを結ぶシャトルサービス）以外の公共の交通機関がなく、タクシーも数が少ないので、レンタカーが便利です。
　近距離の移動には、マウンテンバイクのレンタルもおすすめ。ホテルの無料シャトルやトローリーツアーを移動手段として利用するのも手です。

🚗 レンタカー

●ハーツレンタカー（ウエストセドナ）
Hertz Rent-A-Car　TEL（928）282-0878
3009 West Highway 89A Ste 2, Sedona, AZ 86336
http://www.hertz.com/
営 月～金曜 8:00～17:00、土曜 9:00～16:00（日曜休）

●エンタープライズ・レンタカー（ウエストセドナ）
Enterprise Rent-A-Car　TEL（928）282-2052／（800）736-8222
2090 West Highway 89A, Sedona, AZ 86336
http://www.enterprise.com/
営 月～金曜 8:00～18:00、土曜 9:00～12:00（日曜休）

🚲 マウンテンバイクのレンタル (MTB Rentals)

●アブソリュート・バイク（ビレッジ・オブ・オーククリーク）
Absolute Bikes　TEL（928）284-1242
6101 Highway 179, SteC, Sedona, AZ 86351
http://www.absolutebikes.net
営 3/1～10/31　月～金曜 8:00～18:00、土・日曜 8:00～17:00
　 11/1～2/28　月～金曜 9:00～18:00、土・日曜 9:00～17:00

●セドナバイク＆ビーン（ビレッジ・オブ・オーククリーク）
Sedona Bike & Bean Inc.　TEL（928）284-0210
6020 Highway 179, Sedona, AZ 86351
http://www.bike-bean.com/
営 8:00～17:00

タクシー（流しのタクシーはないので、すべて電話で手配を）

アップタウンセドナ〜ビレッジ・オブ・オーククリーク…………約＄20＋チップ
ウエストセドナ〜ビレッジ・オブ・オーククリーク………………約＄20＋チップ
アップタウンセドナ〜ウエストセドナ　……………………………約＄15＋チップ

●セドナタクシー
Sedona Taxi　TEL（928）204-9111

●クイックライズ
Quick Rides　TEL（928）301-9251

セドナトローリー

Sedona Trolley　TEL（928）282-4211
http://www.sedonatrolley.com/
1ルート＄15、2ルート＄25

AコースとBコースの2ルートあり、途中下車をアレンジすることもできるので移動手段として使えます。ツアーデスクには、日本語で書かれた簡単な文書が用意されています。（→P71）

●Aコース（セドナ・ハイライトツアー）
アップタウンセドナ─ハイアット・ピニョンポイント─テラカパキ─チャペル・オブ・ザ・ホーリークロス─ヒルサイド・セドナ─アップタウンセドナ
●チャペル・オブ・ザ・ホーリークロスでは約20分間停車するので、見学やお買い物の時間がある。

●Bコース（セブン・キャニオン・シーニックツアー）
アップタウンセドナ─ハイアット・ピニョンポイント─ハンプトン・イン─エンチャントメントリゾート─アップタウンセドナ
●ボイントンキャニオンの入り口にある、エンチャントメントリゾートで折り返すツアー。ボイントンキャニオンのハイキングをしたい場合は、トレイルヘッドで降ろしてもらい、2時間後または4時間後のツアーで、アップタウンに戻ることができる。（Aコースでも、同様のアレンジが可能。いずれも、チケット購入時に、ツアーデスクでその旨、伝えること）

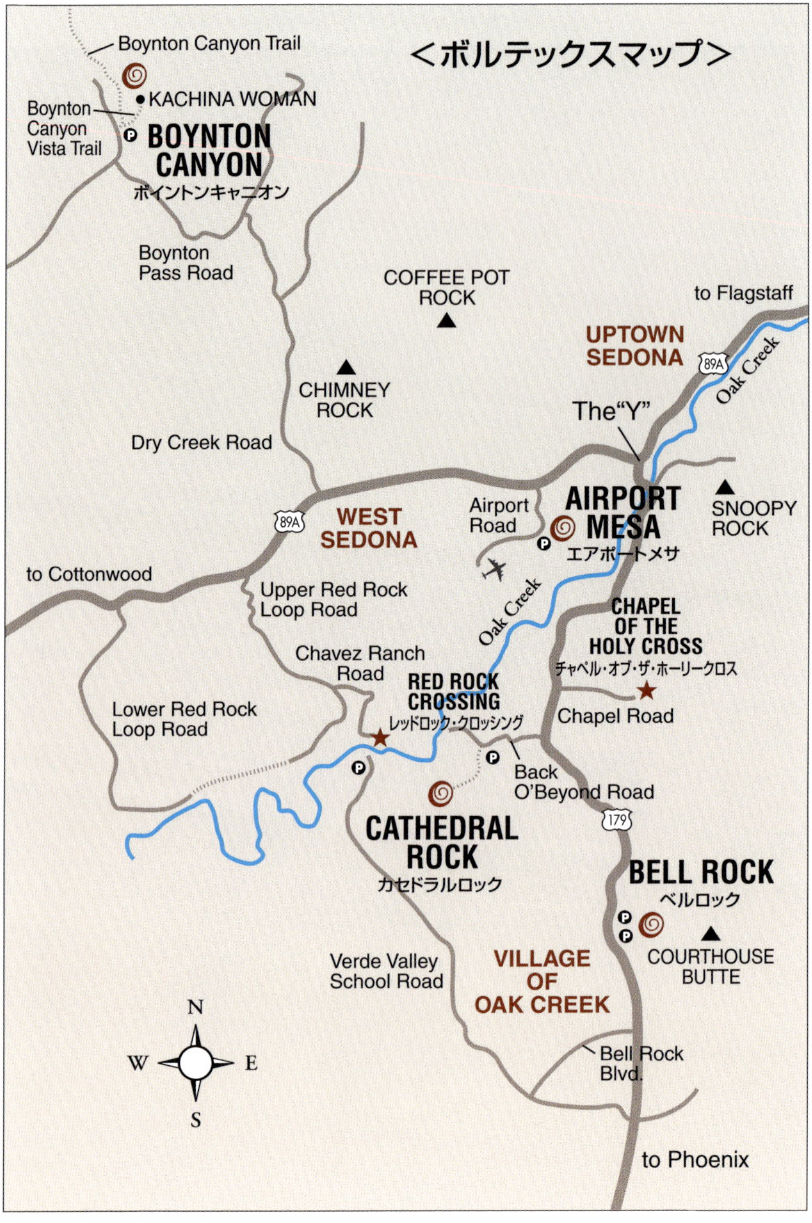

＜ボルテックスマップ＞
Boynton Canyon Trail
KACHINA WOMAN
Boynton Canyon Vista Trail
BOYNTON CANYON
ボイントンキャニオン
Boynton Pass Road
COFFEE POT ROCK
to Flagstaff
UPTOWN SEDONA
89A
Oak Creek
CHIMNEY ROCK
The"Y"
Dry Creek Road
AIRPORT MESA
エアポートメサ
SNOOPY ROCK
Airport Road
WEST SEDONA
89A
to Cottonwood
Upper Red Rock Loop Road
Oak Creek
CHAPEL OF THE HOLY CROSS
チャペル・オブ・ザ・ホーリークロス
Chavez Ranch Road
RED ROCK CROSSING
レッドロック・クロッシング
Chapel Road
Lower Red Rock Loop Road
Back O'Beyond Road
179
CATHEDRAL ROCK
カセドラルロック
BELL ROCK
ベルロック
COURTHOUSE BUTTE
Verde Valley School Road
VILLAGE OF OAK CREEK
N
W
E
S
Bell Rock Blvd.
to Phoenix

ボルテックスへのアクセス

　セドナでは、ボルテックスをはじめとするいろいろな場所へのアクセスは、The "Y"（ザ・ワイ）の交差点を起点にして説明されます。本書で紹介するボルテックスおよび観光スポットへの、ザ・ワイからの車による所要時間と、道順を案内します。

●エアポートメサ（車で約7分）→ P 16
ザ・ワイから89Aを西へ直進。Airport Road を左折し、セドナ空港を目指してゆるやかな坂道を上っていくと、途中の左手にパーキングが見えてくる。

●カセドラルロック（車で約15分）→ P 22
ザ・ワイからHighway 179を南へ直進。Back O' Beyond Roadを右折してしばらく行くと、左手にパーキングとトレイルヘッド（ハイキングコースの出発点）が。

●ベルロック（車で約20分）→ P 30
ザ・ワイからビレッジ・オブ・オーククリークを目指して、Highway 179を南へ下っていくと、左手に大きなベルの姿の山が現れる。お隣にはコートハウス・ビュートが。179沿いに、2カ所のパーキングあり。

●ボイントンキャニオン（車で約25分）→ P 36
ザ・ワイから89Aを西へ直進し、Dry Creek Roadへと右折。突き当たりを左折して、Boynton Pass Road に入り、T字路を右折してすぐ右手にパーキングが。Boynton Canyon Trailから右に枝分かれする、Boynton Canyon Vista Trailを歩くとカチーナウーマンに、Boynton Canyon Trailを真っすぐ歩くと、キャニオンのいちばん奥まで行ける。（往復で約3.5時間）

●チャペル・オブ・ザ・ホーリークロス（車で約10分）→ P 42
ザ・ワイからHighway 179を南へ直進。Chapel Roadへと左折して坂道を上っていくと、教会のパーキングに出る。

●レッドロック・クロッシング（車で約20分）→ P 46
ザ・ワイから89Aを西へ直進。Upper Red Rock Loop Roadへと左折し、さらにChavez Ranch Road で左折して道なりに行くと、公園のゲートに着く。

CATHEDRAL ROCK

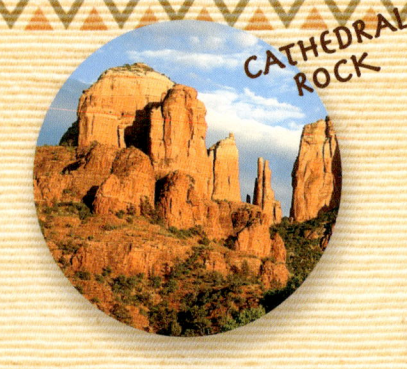

BELL ROCK

ボルテックスガイド

VORTEX

赤い山のエネルギーを
浴びる不思議空間

AIRPORT MESA

BOYNTON CANYON

セドナには、ボルテックス（Vortex）と呼ばれるエネルギーの高い山がたくさんあります。大地のエネルギーが渦を巻いていて、気づきや癒やしの力を持つといわれる場所です。
　赤い山たちが発しているエネルギーは、本当にすごい！　強烈です！　人それぞれ感じ方は違うと思いますが、山たちからの聖なるエネルギーを、ネイティブアメリカンの人たちは敬い、祈り、大切にしてきたそうです。
　中でも、エアポートメサ、カセドラルロック、ベルロック、ボイントンキャニオンは、"四大ボルテックス"と呼ばれています。
　エネルギーの強い岩の上に建てられたチャペル・オブ・ザ・ホーリークロスや、カセドラルロックのエネルギーが流れ込んでいるといわれるレッドロック・クロッシングにも、時間があれば足を運んでみてください。

　ボルテックスを訪ねるのに、順番は別にありません。1日に1つか2つ行けたらいいかな、ぐらいの軽い気持ちで。ただ、1日に何カ所も行くのは、私の経験ではちょっと、おすすめしないかも。以前、1日に2つの山に行ったら本当に疲れて、ホテルに戻ってしばらく動けなくなってしまったぐらいですから……。
　何しろセドナでは、無理は禁物。体調に出る人がとても多いのです。
　セドナにはいろいろな山がありますから、その中に自分に合う山が、きっとあるはずです。登っていて不思議とあまり疲れない山、そんな山を見つけるのがベストだと思います。
　「苦しいんだけど、絶対登らなきゃいけない！」——そんなことはもちろんないので、自分の身体と相談して、マイペースでボルテックスを楽しんでくださいね。

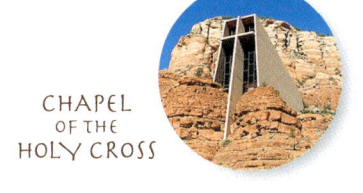

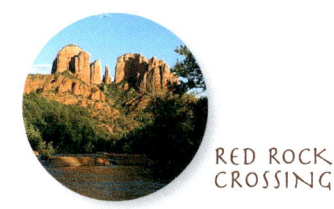

CHAPEL OF THE HOLY CROSS

RED ROCK CROSSING

AIRPORT
エアポートメサ
MESA

今からメサの頂上まで登ります。
この地点から10分ほどで
上まで行けます

エアポートメサの頂上です。
簡単に登れてセドナを一望で
きるのがgood！

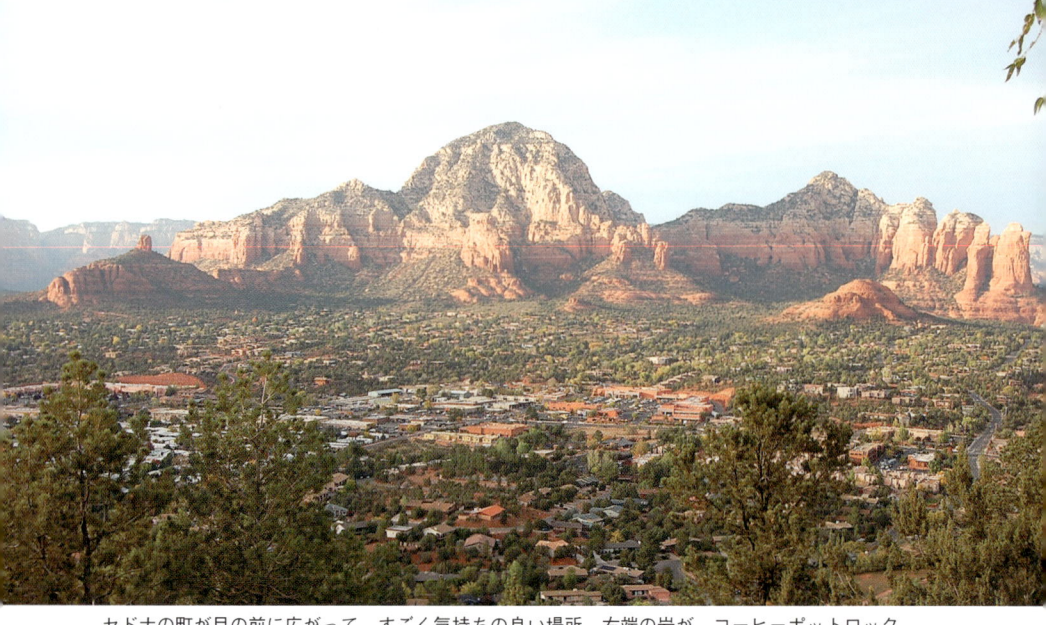

セドナの町が目の前に広がって、すごく気持ちの良い場所。右端の岩が、コーヒーポットロック。本当にポットの形をしていて可愛らしい。左端はチムニーロック

メサはスペイン語で台地、テーブルという意味。頂上はけっこう風が強くて、夏でも夕方は少し肌寒くなるので、パーカやカーディガンなど忘れずに

AIRPORT MESA

温かい励ましをくれる親しみやすい山

「ちょっと散歩がてら行こうか？」と気軽に登れる山です。ロングハイキングや登山に自信のない人には、最初に行く場所としておすすめします。町中にあるので、いちばんアクセスしやすい山でもあります。

ここで見る夕日は最高で、暖かい赤土の山に座ってぼーっとしながら、1日の疲れを癒やすことができます。自分の中の力がギューって充電されていくような、そんな感覚を与えてくれるので大好きです。

夕暮れ時には地元の人たちも車をとめて、落ちていく太陽のオレンジを眺めたりして賑わっています。

ここで出逢う人たちの共通点は、みんなすごく無邪気で子供みたいに笑っているということ。自然と自分も緊張が解けて、ニコニコしてる。

心がちょっと疲れていたり、心配事があったりするときに、この山は不思議と「もう1度、頑張れるよね」という力をくれる気がします。そして、「自分は自分のままでいいんだ、何も無理に変えることはないんだ」という感覚が、この山に登るたびメッセージとして浮かびます。

自分自身との統合というのでしょうか。女性性、男性性という部分ではなく、自分と心を1つにする力が、この山にはあるんだと思います。

生活していて心が揺れていたり、ここにいないような感覚におちいってしまったとき、私はこの山のことをふと思い出します。

太陽が当たる場所で目を閉じて、大地と自分がつながっているということをイメージするだけで、その温かくて丸いエネルギーを感じることができます。

メサからさらに登っていくと、山の上の空港のそばに可愛らしいコテージがあって、そこが本当に素晴らしい！ ラグジュアリーなホテルではないけれど、そこにいればセドナの自然の醍醐味を全部楽しめちゃう。

朝起きたら、野生のリスが庭に遊びに来てくれて、ピーナッツをあげたり、夜になると、山の上なので星が粒のように降ってくる最高のロケーション。次に旅したら、またそこに泊まりたいなと思っています。

エアポートメサからさらに道を上っていくと、セドナ空港に到着。右の赤い小型機には、何と乗れます!! セドナを空から見てみてはいかが？

庭にリスが遊びに来るスカイランチロッジ。このホテルはほんとにこぢんまりしてていい

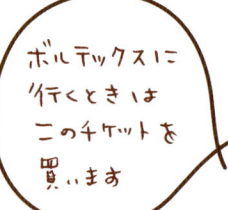

ボルテックスに行くときはこのチケットを買います

ボルテックスの入り口には必ず、トレイルマップの看板が

セドナのシンボルの1つにもなっている、頂上の手前に生えてるジュニパーの樹

カラカラに乾いた樹皮がベンチのようになっていて、味を出している

※※※※※※※※※※ ミニ情報&コラム① ※※※※※※※※※※

●スカイランチロッジ
Sky Ranch Lodge
Top of Airport Road, Sedona, AZ 86336
TEL（928）282-6400／（888）708-6400
http://www.skyranchlodge.com/

ここはYUKIYAさん（→P92）が、私の2度目の旅のときに手配してくれたホテル。セドナ空港のすぐ手前にあります。眺めもいいし、朝日がとても気持ち良くて、夜は満天の星が見える。

●レッドロックパス
Red Rock Passes
http://redrockcountry.org/passes-and-permits/index.shtml

ボルテックスのパーキングに車をとめるときは、この駐車パスを購入。1日用のパスが$5、1週間用が$15、1年間用が$20。収益はトレイルのメンテナンスや看板などに使われます。観光案内所やコンビニなどで販売。利用者の多いトレイルヘッドには、自動販売機もあり。

CATHEDRAL ROCK

カセドラルロック

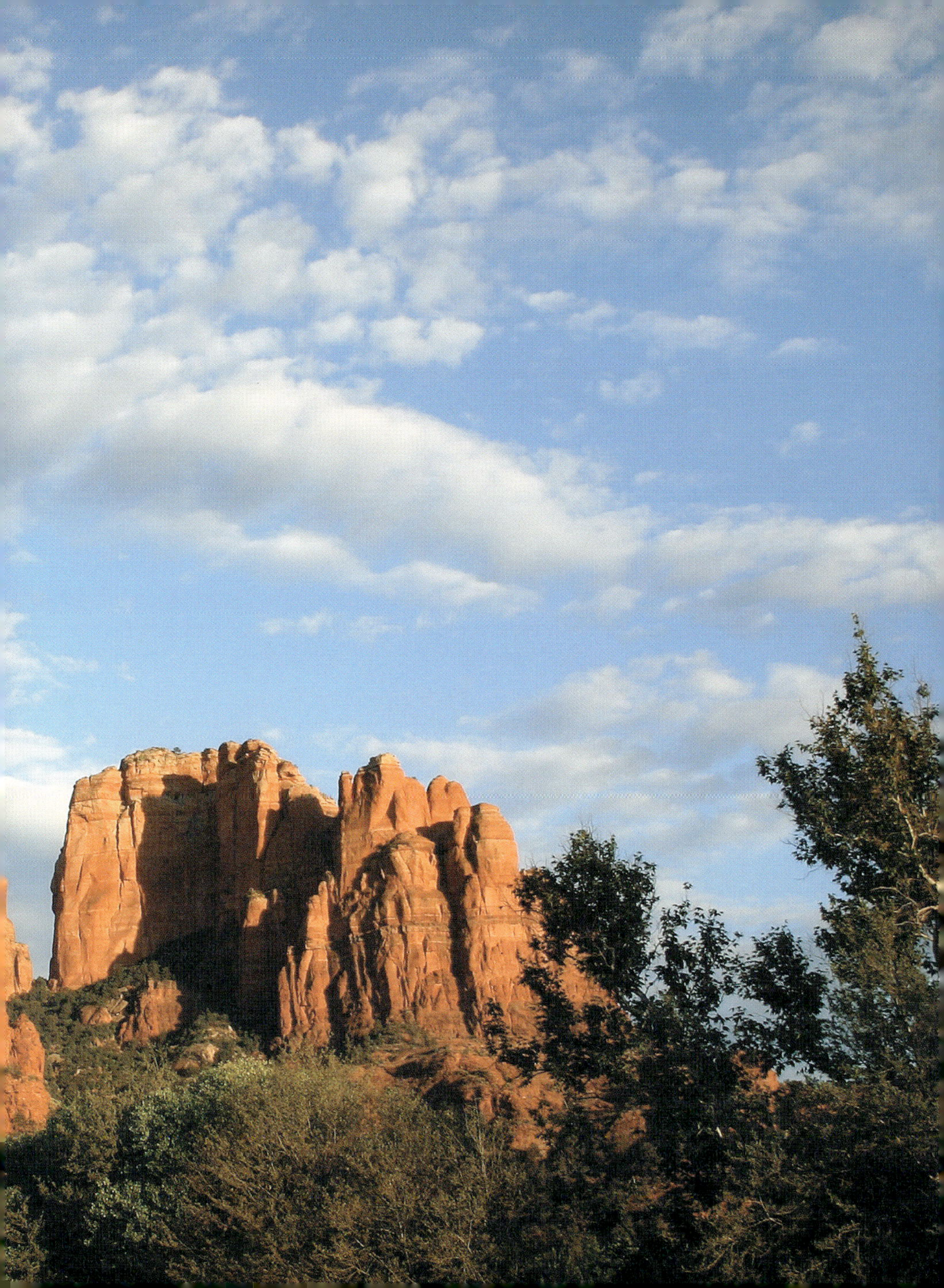

リュックにグローブ。登るときには、このスタイルに限ります!! 頂上はまだまだ先です……トホホ

内なる声が聞こえる女性性の山

　私はまったくもって忍耐力がなくて、「登山に行きましょう！」という友人の誘いに、思わずひるんでしまいました。というのも、その山の大きさ！
　絶対登れないだろうな……と、あきらめながら挑んだのですが、なぜか足が止まらない。前へ前へという感じで、進んでいくんですね。
　頂上は、本当にすごく気持ち良かった！
　いちばん最初のチャレンジは1時間ほどかかってしまいましたが、2度目以降は30分ぐらいで登れるようになりました。（地元の人たちは、犬の散歩でこの山を訪れるそうですが、20分ぐらいだといっていました。すごいですよね！）
　カセドラルロックは、女性性を高める山といわれています。私たちの受容性を拡大したり刺激したりして、愛を受け入れることのメッセージを運んでくるようです。
　最初にこの山に登ったとき、私は頂上でしばらく目を閉じ、風の音や自然の沈黙の中でメディテーションをしていました。すると「何も恐れる必要はない」という知らない人の声が、どこからともなく聞こえてきて──。
　びっくりして目を開けたら、大きな鷲が目の前の木の上にとまっていました。
　気のせいかと思って、もう一度目を閉じたら、「恐れを捨てなさい」という同じ人の声が。でもやっぱりそこには鷲しかいない。
　セドナに行くたびに必ずこの山には登っていますが、頂上で目を閉じると、私の心の中で毎回聞こえてくる──そのときはわからなくても、近い未来きっとわかるはずのメッセージが。
　私がそのとき教えてもらったのは、怖がっていることを遠ざけたり、拒否したり、力を入れて拒めば拒むほど、それはもっと大きく膨らんでいくんだよ、ということ。自分の中にある弱さを押しやるのではなく、受け入れなさい、というメッセージでした。
　セドナに行ったら、この山にはぜひ登ってみてくださいね。そして、目を閉じて自分の心の話し声を聞いてみてください。きっと自分にとっての最善の声が聞こえると思います！

「本当にあの山の上まで登れるの？」と何度も疑いたくなるこの景色。まだ半分も登れてません（泣）

急な斜面が多いので、注意しながらゆっくりと登ります

水を忘れずに！！

見てください、この景色を！ 息をのむほどに神聖で、そして足を踏みはずしたら……。気をつけながらも大興奮です

まるで大天使のつばさのような雲が、一面に現れました。
感動です！

やっと着いた〜
みんな本当に
がんばったね！！

「ORENDA」の生徒さんたちと
一緒に登ったときのスナップ

石を積み上げて作られた目印を、見失わないように！

太陽の光が差し込むと、すごく暖かい

この細長い岩と岩の間にも入っていける

下りるほうが怖いです

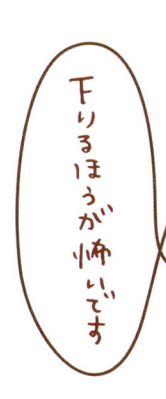

大天使のつばさが現れたのは、この岩の上空。ほんの一瞬の出来事でした

××××××××××× ミニ情報&コラム② ×××××××××××

　はじめてのカセドラルロックは、1人ではなく誰かと一緒に登ることをおすすめします。岩登りをしなくてはいけないポイントもあるし、夢中になって登っているうちに、たまに道に迷ってしまうこともあるので……。

　登山の時間帯は、やっぱり朝〜午前中がベスト。特に夏の午後は日差しが強すぎて、途中でリタイアしてしまうかも！　売店も休憩所もないので、飲み水を持参で。また、日が暮れる前に山を下りるのは、いうまでもありません。

　セドナの山で内側の声に耳を傾けたあとは、サイキックリーディングを受けて、さらに自分の内側と向き合うのもいいかもしれません。日本に住んでいたこともあるカヴィータは、流暢な日本語でリーディングしてくれるので、英語に自信のない人にもおすすめです。

●カヴィータ　Kavitaa
TEL(928)203-1194
http://www.sedonapsychicwisdom.com/
info@sedonapsychicwisdom.com

BELL ROCK
ベルロック

「ベルロックだ!!」その形はひと目でわかる。ここがセドナの入り口です。ワクワクとドキドキが溢れてくる、そんな景色です

YES or NO を教えてくれる決断の山

　フェニックスから車を走らせてセドナが近づいてくると、まず最初に目の前に現れてくるのが、ベルロック。セドナの入り口のような山です。
　ベルの形をしたこの山は、カセドラルロックほど大きくはなく、すぐに登れてしまうので、最初の山としてもとても良い感じです。

　あるときこの山の上で、ネイティブアメリカンの人たちの太鼓と笛の演奏の中でメディテーションをする、という儀式をしてもらったことがありました。
　ドンドンと太鼓を鳴らし、大きな笛の音が聞こえると同時に、風が楽器みたいにヒューヒュー叫んでいました。
　しばらくすると、天気がめまぐるしく変わり雨がポツポツ降り出して……さらに雷まで鳴りました。それでも、そこから帰ろうという気持ちは不思議と起こらず、一連の儀式を体験し続けていました。
　その儀式のさなかに受け取ったのは、心の中で繰り返し呼びかけてきている、叫んでいる自分のパートを見つめるということでした。
　「内面を見つめる」といった言葉はよく聞いたり、本で見かけたりしますが、いざやろう

車のサイドシートからパシャリ!!
ベルロックを左手にスピードをあげます

と思うと、すごく難しく感じますよね。最初はまったく集中力がなく、すぐに違うことを考えたり、ドロップアウトしていたのですが、時間が過ぎていくうちに自然と、知識ではなく本能の部分で、「私はこうしたいんだ！」とか「私はしたくないんだ！」という心の声が、実際に聞こえてきました。

叫んでいるパートを聞くというのは、自分の心を無視しないということだと気がつきました。

悩みってもしかしたら、本能の部分を無視して、違うパートを演じようとするから複雑になったり混乱したりするのかもしれないな——と思うと同時に、何かに対する答えって、意外とこのYES or NOにシンプルに分かれているんだと思いました。

自分が心の底からNOだと感じることを、無理して演じる必要は何なのか？自分のYESに従って勇気を出すことが、どうして難しいのか？

自分の中にどうしても決められないことがあって、どうしていいかわからないときに、この山は教えてくれるのかもしれません。YESなのか、NOなのか、自分の本当の気持ちを。

そのとき一緒に行った友人は、儀式中に号泣していました。そのころ抱えていた恋愛問題で、「彼とはやっぱりダメ」と心から思ったそうです。

そのちょっと前に、サイキック・リーディングで「うまくいかない」といわれたときは、希望を捨てられなかったけれど、儀式の太鼓の音を聞いているうちに、声が聞こえたみたいです。「もう手放してもいい」という声が……。

彼女が自分で答えを出す手助けを、セドナの山がしてくれたんだと、友人も私も思っています。

BELL ROCK

夕暮れ時のボルテックスは、どれも赤みが強くなる

見る角度によって多少、姿を変えますが、本当にベルの形をしています

「よく来たね」と語りかけるようなベルロック。セドナに来たあいさつに、ぜひ登ってみてください

ベルロックプラザ(上の写真)内のセドナトレーディングポストにて。メキシコ風の十字架や天使が壁一面に！

ベルロックプラザより、ややフェニックス寄りにあるオーククリーク・ファクトリーアウトレットは、衣類調達の強い味方

腹が減っては戦はできぬ〜

ファーマーズ・マーケットでの買い物も楽しい

セドナでは、サークルKをよく見かけます

やっぱりコンビニだよね。エビアンとコーラをどっさり買います。

※※※※※※※※※※ **ミニ情報&コラム③** ※※※※※※※※※※

●セドナトレーディングポスト
Sedona Trading Post
10 Bell Rock Plaza Ste A,
Sedona, AZ 86351
（編集部注：こちらのお店は閉店しました）

十字架など、おもしろいギフトショップのブースがいろいろ入っています。くちびる形のポップな手鏡も、ここで買いました。かなり気に入ってます！

ウラ面はこんな感じ！

●オーククリーク・
　ファクトリーアウトレット
Oak Creek Factory Outlets
6601 Hwy 179 Ste A-16,
Sedona, AZ 86336

ここにはGAPやTommy Hilfigerのアウトレットがあって、上にはおるものが欲しいときや、夏には水着や短パンなど、ちょっと忘れてしまったアイテムの補充に!!

BOYNTON CANYON

ボイントンキャニオン

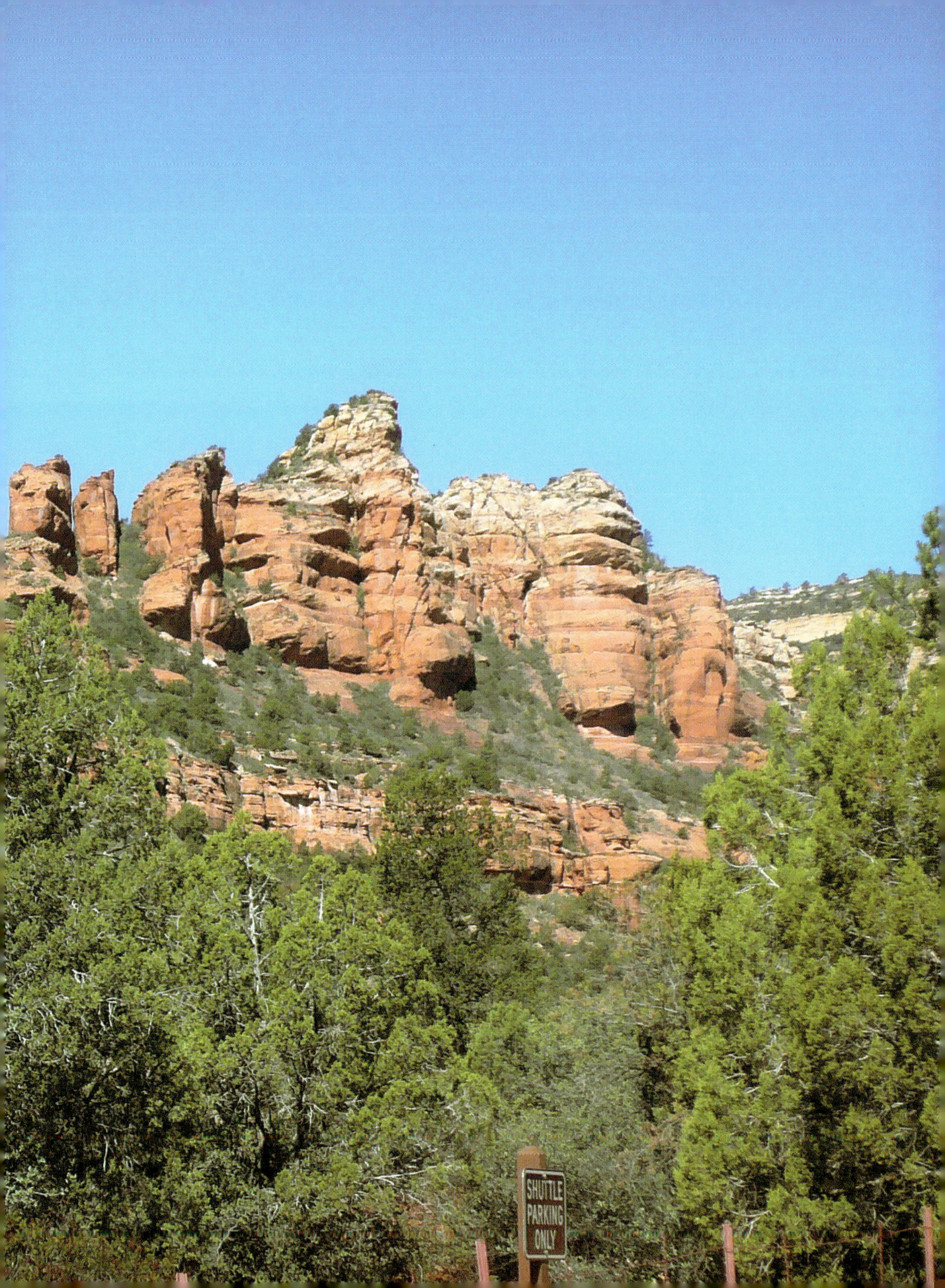
SHUTTLE
PARKING
ONLY

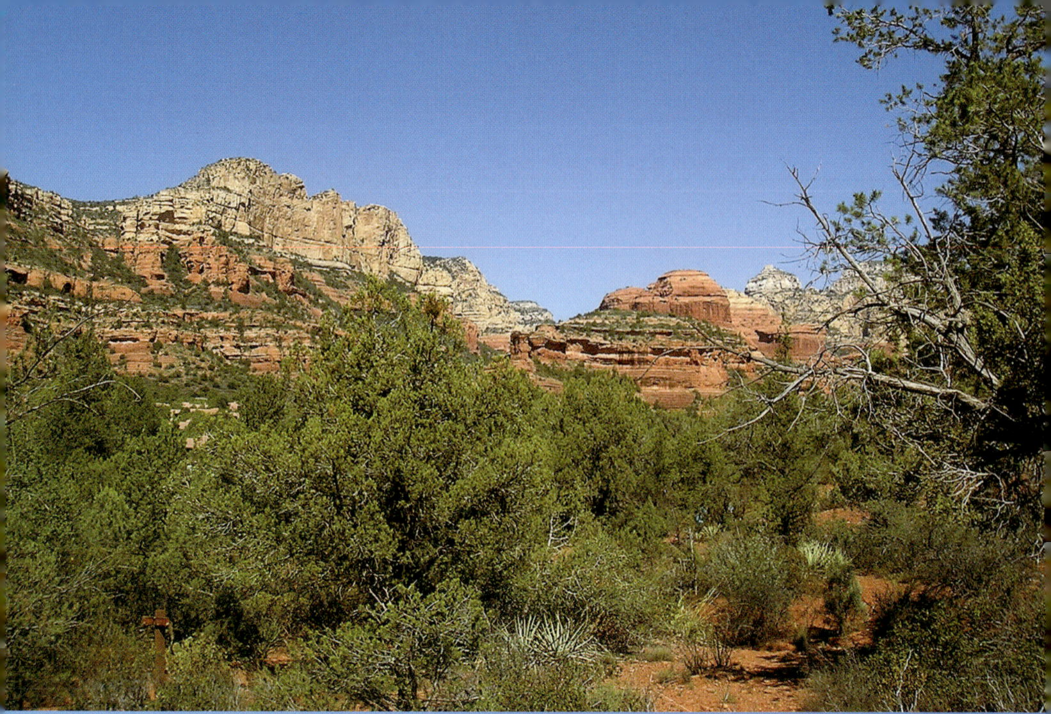
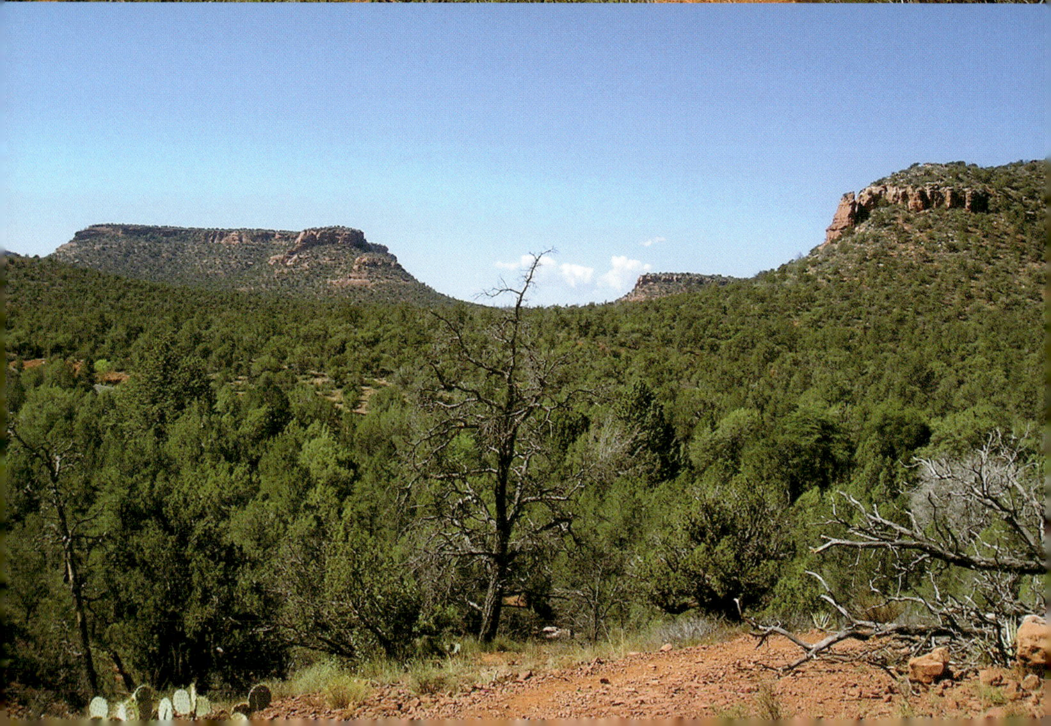

情熱を高める男性性の山

　大きな山が連なっている谷間を、トレイルがどこまでも続くボイントンキャニオン。アップタウンから車で25分ほどですが、出かけるだけで気合のいる場所。何となく近づきがたいというか、神聖な場所という感じがします。
　そして、セドナの山は本当に一つひとつのエネルギーが違っていることを、ここへ来ると特に感じさせられます。
　カセドラルロックの受容・女性性と、ちょうど対になるようなエネルギー、能動と男性性を感じさせる山というのが、私の印象です。さらにこの山は、非常に不思議なのですが、誰かの手のひらの中にいるような、大きなものに包まれているような、そんな感覚を与えてくれます。
　この山には、自分の目標を再確認させ、情熱を奮い起こす力があるような気がしました。なので私自身、少し弱っているときは、この山に登れないということもありました。（そのエネルギーに圧倒されて、2度ほど登れないことがありました）
　自分が十分元気な状態のときには、この山は思いきりポジティブなパッションを与えてくれると思います！
　セドナで知り合った友人が、ここへはじめて案内してくれたとき、メディテーションをしようと、山の上のほうで見通しの良い場所を選びました。
　偶然にも、そこにはメディスンホィールがあり、彼は東西南北に向かって祈りを捧げると、自然の恵みのハーブと、天への捧げものの煙草、命の象徴である髪の毛をホィールの中心に置いて目を閉じました。私は見よう見まねで目を閉じて、慣れていなかったメディテーションをしました。
　目を閉じているのに、そこでは目を開けている以上に鮮明にいろいろなビジョンが見えてきたり、メッセージが聞こえてきたりするのには驚きました。
　自分がいかに、目に見えるものを100％として生きてきたかに気づき、自分の感覚をもっと信じるということの大切さを、この山で思い知りました。

　余談ですが、地元のミュージシャンであり、今では世界中を演奏しながらまわっている友人が、ボイントンの麓にある洞窟でレコーディングをしました。その音は素晴らしく、レッドロックの石の反響がとても心地よかった！
　「七瀬もここでレコーディングをしたらどう？　セドナにはミュージシャンがたくさんいるよ」といわれ、いつか実現したら面白いなと思っています。

丸いサボテンたちが、行く道に
いっぱい

カチーナウーマンと呼ばれる、女性性のレッドロッ
ク。人を吸い寄せるようなパワーがあります（カチ
ーナについては右ページのコラムを参照）

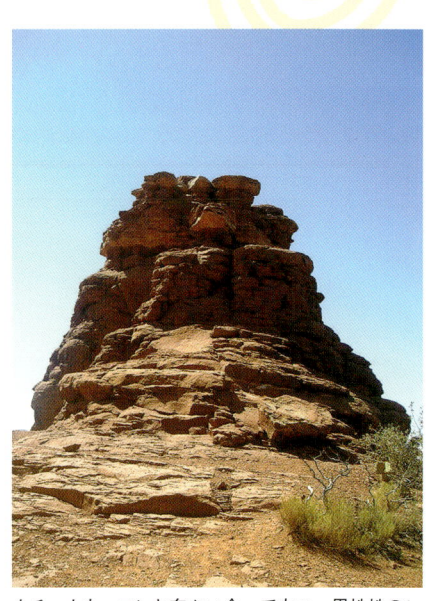

カチーナウーマンと向かい合って立つ、男性性のレ
ッドロック。カチーナウーマンより小ぶりですが、
力強いエネルギーを発しています

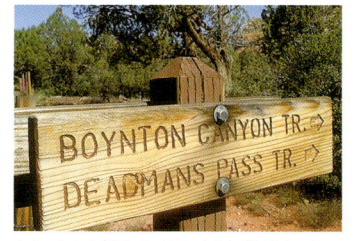

トレイルの道案内の立て札に注意して

ボイントンキャニオンの入り口にある、エンチャントメントリゾートにて。このポイントに立ったときの感覚が忘れられません。ものすごいエネルギーを感じて、思わずくらくらしてしまったほど

カチーナの1つとも
いわれるココペリ ▶

✕✕✕✕✕✕✕✕✕✕ ミニ情報&コラム④ ✕✕✕✕

　カチーナ（Kachina）とは、ホピ族の神様のこと。とうもろこしの神様、太陽の神様、動物の神様、蝶の神様など、生きとし生けるものすべてのカチーナがあります。フラッグスタッフ近郊にあるアリゾナ州の最高峰・サンフランシスコピークスに住んでいると、ホピの人々は信じています。

　春になると、そのカチーナたちがホピの村へやってくるそうです。秋にサンフランシスコピークスに戻るまでの間、ホピの村ではさまざまなカチーナのダンスが催されます。

　セドナでモチーフとしてよく見かけるココペリ（Kokopelli）は、どこから発祥したのか不明ですが、アメリカ南西部の多くのネイティブアメリカンの部族にとって、子宝と繁栄の神様と信じられています。

　一説によると、メキシコのアステカ文明から生まれたということです。ホピ族の間では、ココペリはカチーナの1つと考えられているようです。

（セドナ商工会議所観光局・佐渡祥子さん）

CHAPEL OF THE HOLYCROSS

チャペル・オブ・ザ・ホーリークロス

CHAPEL OF THE HOLY CROSS

陽のエネルギーを感じる砂漠の教会

　砂漠の山の中でキリスト……。何だか味がありますよね。
　この教会のある山は、わりと上のほうなので眺めも良く、セドナの町を見下ろせて気持ちがいいので、私のお気に入りの場所の１つになっています。
　そんな立地的なものもあるのか、重たい感じもなく、教会がちょっと苦手という人も行きやすいかなと思います。
　はじめてここを訪れたとき、不思議に自分が天に引き上げられていく感覚がありました。セドナのボルテックスの１つは、エジプトのピラミッドと同じ磁場を持っているとか、ハワイの聖地と対になっているとか、たくさんの話を聞きますが、ここに来ると「そんなこともありえるかも!?」と思えたりします。
　私は教会が好きで、ドイツの23都市の教会をまわったことがあるくらいの、ちょっとした教会オタクなのですが、ここの教会にはヨーロッパのものとはまったく異なったエネルギーがあって、そのエネルギーにはいわゆる静けさとは少し違う、シャープさがある気がします。
　ステンドグラスの綺麗な模様がアリゾナの太陽に照らされて、教会なのに明るくて陽のエネルギーがあるのも特徴かなと思います。
　霊的なものを感じるというよりは、精神性が研ぎ澄まされていく感じで、私はすごく居心地がいいなといつも感じています。

教会はすぐそこ。下から歩いて登ってきたので、小休息中……

大きな十字架ごしに眺める、セドナの風景

砂漠の中の教会には、こんなモニュメントつきの噴水が

ここでは天使も、印象が違って見える

さぁパーキングまで歩いて下りていきます。

教会の入り口にある、イラストつきのポスト。おしゃれで可愛い！

山の上にあるので、眺めはバツグン！ベルロックとコートハウスビュートが、かなたに見えます

いちばん右に見えるのが"The Nuns"と呼ばれるレッドロックの一部、その隣がマザー・アンド・チャイルド

CHAPEL RDの標識がわかりやすいので、迷いません

※※※※※※※※※※ ミニ情報＆コラム⑤ ※※※※※※※※※※

●チャペル・オブ・ザ・ホーリークロス
Chapel of The Holy Cross
780 Chapel Road, Sedona, AZ 86336
TEL(928)282-4069
圏月〜土曜 9:00〜17:00、
　日曜 10:00〜17:00
（感謝祭、クリスマス、イースターはお休み）

毎週月曜の夕方5時からは礼拝があります。地下のギフトショップにはお土産やエンジェルの置物などが。

レッドロックの岩山の上にそびえる高さ27mの十字架が目をひくこの教会は、1956年、建築家のマーガレット・ストードによって設計されました。当時はまだ「ボルテックス」という呼び方もなかったのですが、彼女はその場所に、何かスピリチュアルなエネルギーを感じたようです。

幼子イエスを抱いた聖母マリアを思わせるレッドロック、マザー・アンド・チャイルドを目にしたとき、ここに教会を建てようと決意したという話です。

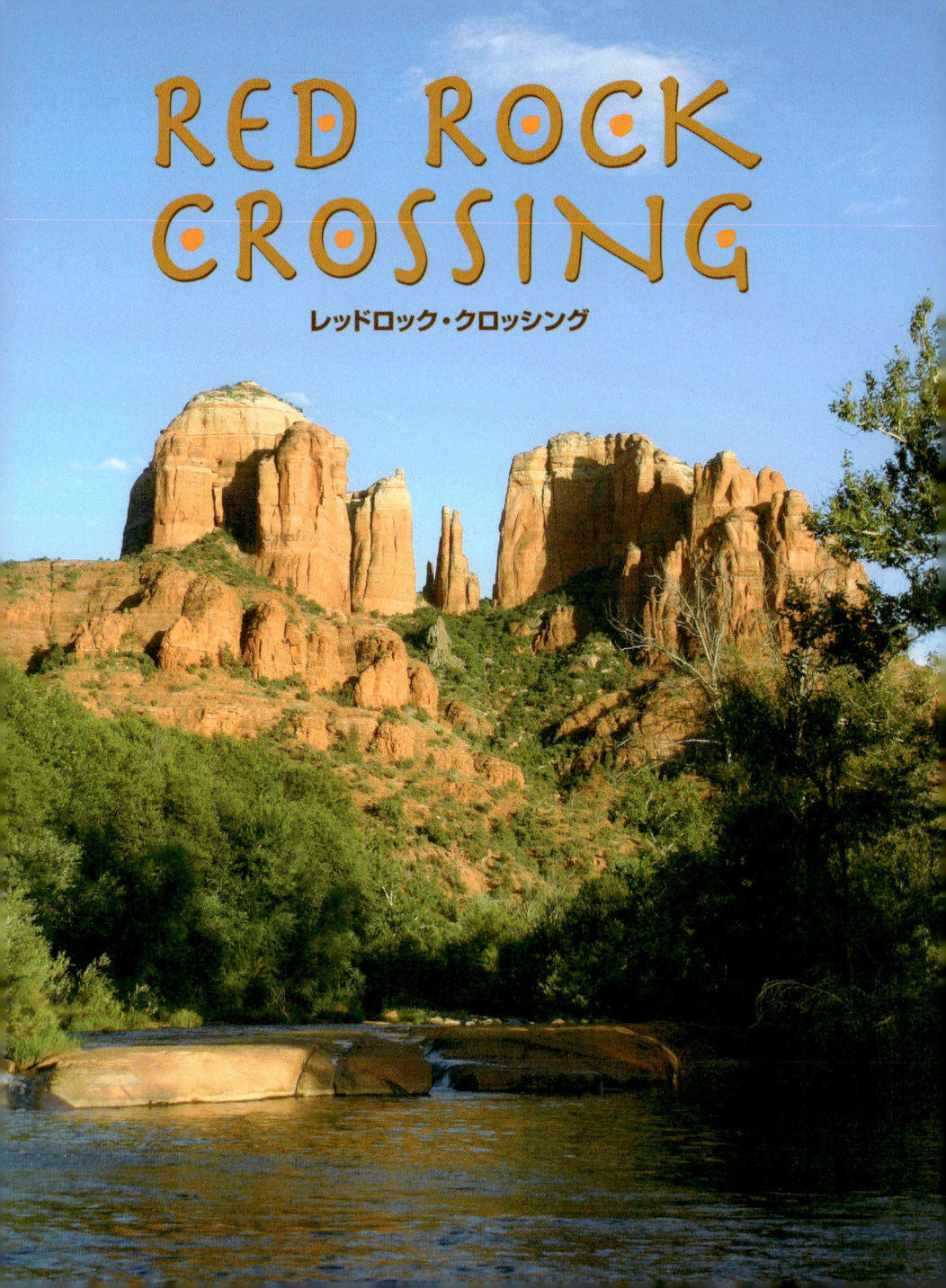

RED ROCK CROSSING

レッドロック・クロッシング

RED ROCK CROSSING

3度目の旅のときに撮った写真

水の妖精がいる特別な川

　カセドラルロックのエネルギーを感じられるというレッドロック・クロッシングも、おすすめの場所。オーククリークに沿って、クレッセントムーンという素敵な名前の公園になっています。
　とても綺麗な川辺から眺めるカセドラルロックは最高です。
　セドナの人たちにとって、ここはとても縁起がいい場所といわれていて、結婚式にも使われます。セドナを縦断するオーククリークは、男性性と女性性が交わるかのように、2つの流れがこのあたりで合流するのですが、男性と女性が出逢い1つになるという誓いを、川辺で行なうそうです。

　私を案内してくれた友人は、「信じないかもしれないけれど、ここには水の妖精がたくさんいるのよ」と教えてくれました。「水の妖精は姿がないけれど、キラキラ光って私たちを見てるのよ」
　私は、妖精や天使などの物語が大好きで、水の妖精は私自身も、以前見たことがあったので、この川を特別な川だと思うようになり、セドナに行くたびに必ず訪れます。時間に追われてゆとりのなかった身体と心に、穏やかに語りかけてくる感覚があります。
　ここに来るといつも少し長く時間をとって、公園の中を散歩したり、川遊びをしたりします。夏になると、子供たちがターザンのように樹から樹へロープを使って飛んで、失敗したら下の川にザブーンと落ちるという遊びをやっていて、甲高い叫びが聞こえてきたりで楽しいです。
　今度は自分がやってみたいと、いつも思いながら眺めています。

水面が太陽の光でキラキラ。本当に妖精がいるかもと、長い時間、見とれてしまう

川の向こうには、カセドラルロックがくっきりと

太陽のリングが見える!!

ここは公園になっているので、サンドイッチなど持って、ピクニックはいかが？ 時が止まっているかのように、静かな場所です

※※※※※※※※※※ ミニ情報&コラム⑥ ※※※※※※※※※※

「レッドロック・カントリー」と呼ばれ、USAウイークエンド誌で「全米でもっとも美しい町」に選ばれたセドナは、グランドサークルの一部です。

グランドサークルとは、ユタ州南部および、隣接するアリゾナ州北部の、国立公園が北米大陸でもっとも集中するエリアのこと。セドナから北へ車で約2時間のグランドキャニオンも、その一部です。

セドナを含むグランドサークルの情報は、アメリカ西部5州政府観光局まで。

ちなみに西部5州とはアリゾナ、ユタ、ワイオミング、サウスダコタ、ニューメキシコを指します。(→P6のアメリカ地図を参照)

●アメリカ西部5州政府観光局(日本支局)
TEL(042)549-1454
FAX(042)549-1453
http://www.uswest.tv　info@uswest.tv
(編集部注:上記は2014年7月からコロラド・サウスダコタ・ワイオミング州政府観光局に組織変更)

エッセイ── 最初の旅

セドナとの出会い

　私が最初にセドナへ旅したのは、2000年の春。友人のヒーラーが、「セドナっていうパワースポットがあるから、一緒に行こうよ！」と、私とヘアメイクのスタッフを誘ってくれたのがきっかけでした。

　私は中学時代からスピリチュアルなことに興味があったし、なんといっても、ターコイズという石が大好き。セドナのあるアメリカ・アリゾナ州は、ネイティブアメリカンの民芸品として、ターコイズのジュエリーがたくさん手に入ると聞いたので、即座にYES！といいました。

　そんな軽い気持ちで訪れたセドナでしたが、そこは町中がスピリチュアリティを自然に受け入れて理解しているという感じで、出逢う人のすべてがといっていいほど、ヒーリングやスピリチュアルに携わっていることに、驚きの連続でした。

　当時、日本では癒やしブームはまだ起きていなくて、会話の中でスピリチュアルなことを話すにも相手を選ばないと、おかしな人に思われてしまうぐらいでした。

　セドナへの旅は、私の中でずっと我慢していたスピリチュアルな興味や想像が解放されて、自然体になった感覚がありました。そして2度3度と旅を重ねるうちに、それはもっと私の中に広がって、将来の夢を目覚めさせる力を刺激しました。

　私がセドナに通い続ける理由はきっと、セドナに行くことで悩みとか問いかけの答えを探すヒントが見つかり、現実とシンクロするからなんだと思います。

　自分の中の余計な気持ちが否応なしに整理され、体調が変化し、心身ともにリセットされて、本当に自分にベストな選択ができるからだと。

　セドナへの旅とそこで出逢う人々は、最初に訪れて以来、私の人生の大切な瞬間にいつも祈りと愛を贈ってくれています。

セドナのお母さんCHIZUKOさん

　はじめてのフェニックス空港からセドナへの道のりに、心強い日本人のコーディネーターさんがついてくれると聞かされていた私たちは、空港でその人を探しました。
　現れた女性は真っ黒なロングヘアで、小柄でネイティブアメリカンのお人形みたいに可愛らしいCHIZUKOさん。(うちの母と同じ年ごろの方なんですが、とにかく可愛らしく美しい！)
　もう何年もセドナに住んでいるとのことで、現地の人と同じぐらいの褐色の肌がキラキラ光って素敵でした。
　フェニックスからセドナへのドライブは約3時間。ドキドキしながら通り過ぎていく砂漠の景色を見ていたら、大きな雷が鳴り始めて、車の前を稲妻が走りました。
「サンダービーイングね。あなたたちの精神の旅の始まりを伝えてるんだよ」とCHIZUKOさんがいいました。
「こんなふうに稲妻なんてめずらしいし、きっと、あなたたちがセドナに来たことを歓迎しているのよ」とバックミラー越し。

CHIZUKOさんと。つい先日の旅で

何度一緒に、カセドラルロックに登ったことでしょう。
CHIZUKOさん、いつもつきあってくれてありがとう！

　こうして彼女と出逢ってから、もう7年以上の月日が流れました。今では、アリゾナにいる親戚のような気持ちでいます。
　セドナを訪れるたびに、ランチやディナーに行ったり。時には一緒に、スウェット・ロッジにつきあってもらったり。
　ハイキングに行きながら、砂漠に生える植物の名前を教えてくれたり、素晴らしいヒーラーやサイキッカーをいつも私に紹介してくれる人でもあります。
　CHIZUKOさんが私にしてくれる話はいつも、そのときの私を穏やかにしてくれたり、勇気づけてくれたり、アイデアをくれたり。
　世界中に逢いたい友人はたくさんいますが、彼女ほど、私を強く惹きつける生き方をしている女性は、どこを探してもいないといつも思います。
　人生を、どれだけ心を豊かにして生きていくかということを、彼女に逢うといつも考えさせられます。
　セドナが女性に人気があるのは、女として、いずれはなるかもしれない母として、どのように豊かになっていくかという人生の青写真を、グランディングさせてくれるからかもしれません。

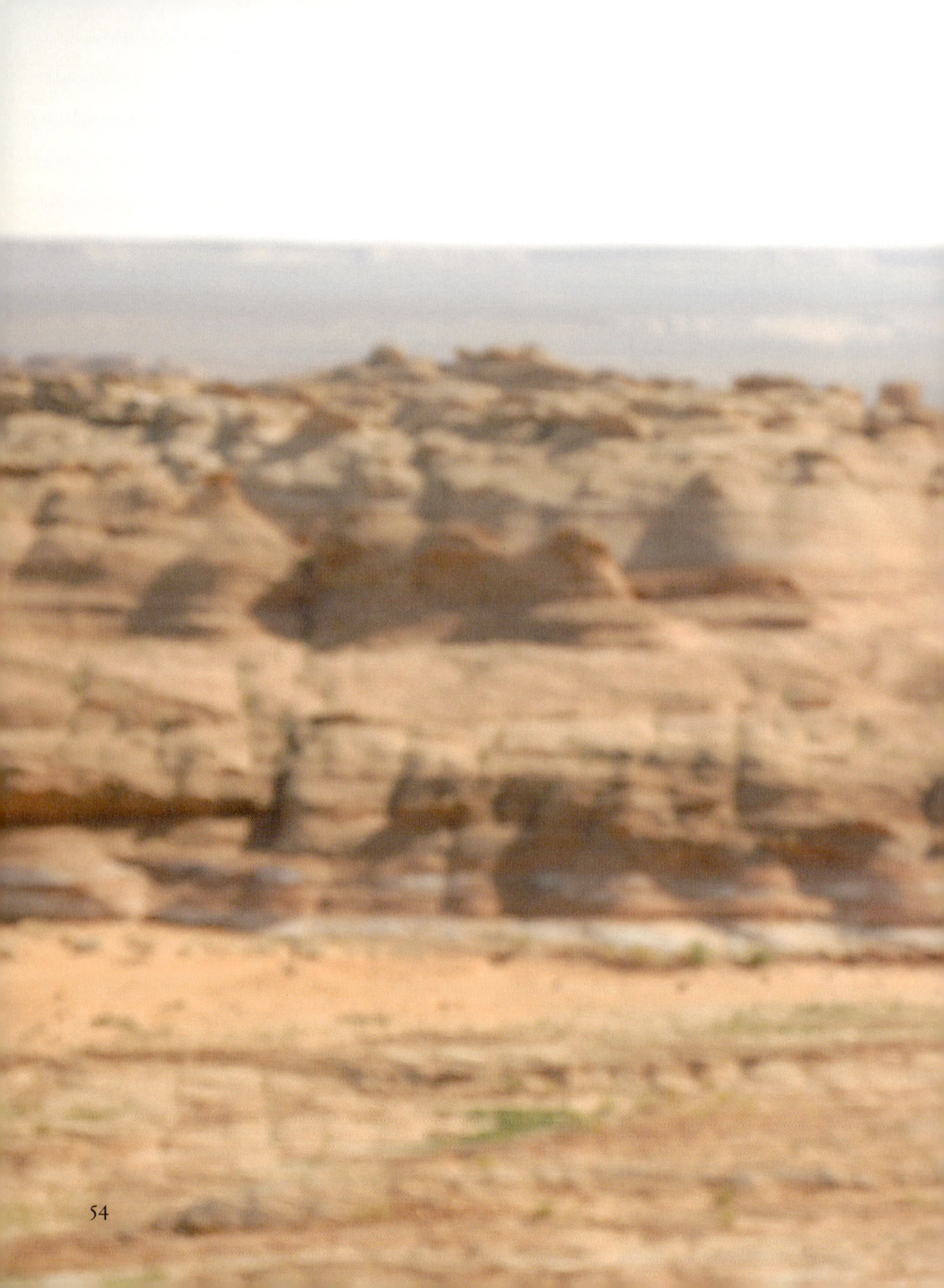

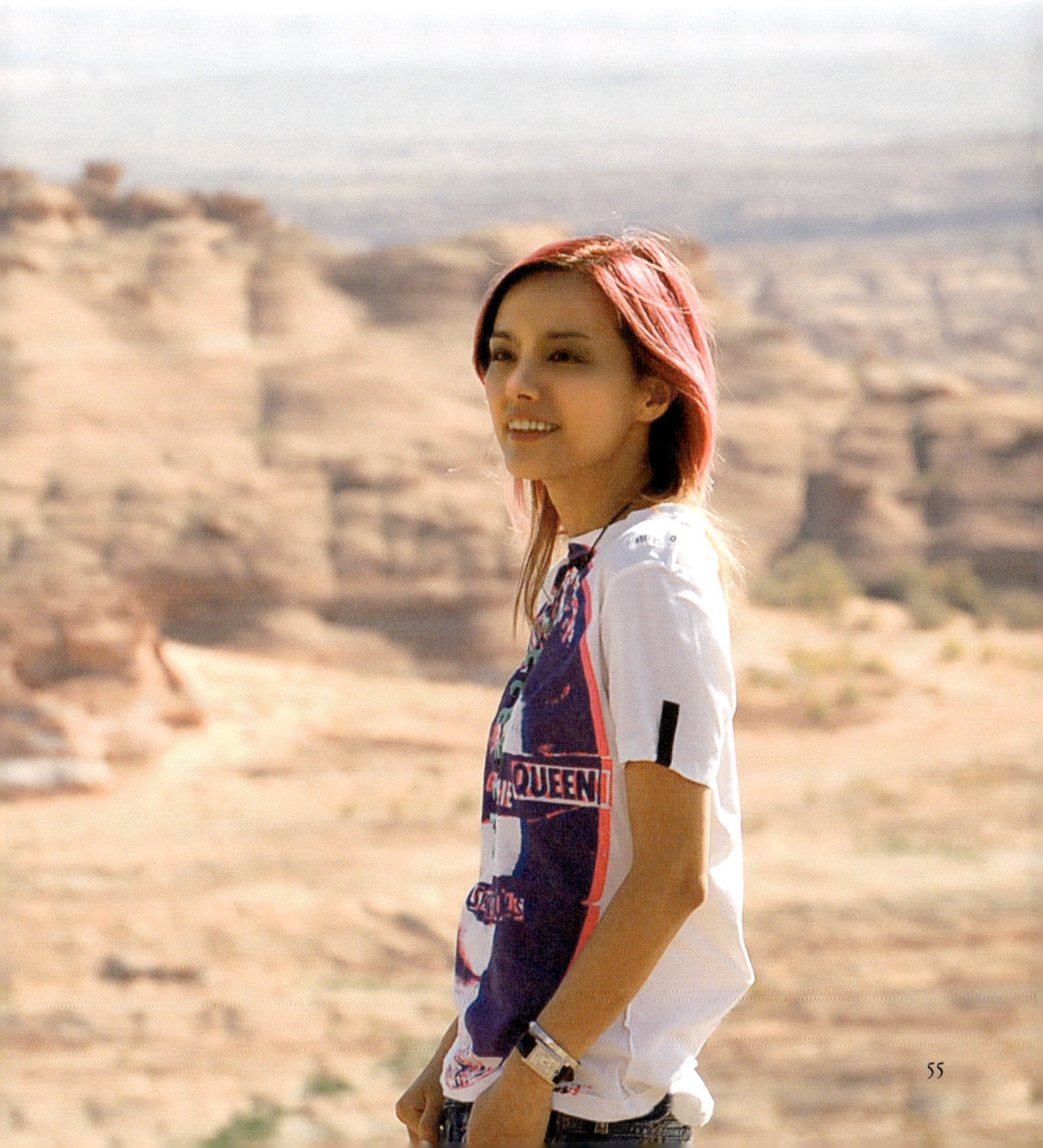
QUEEN

セドナデトックス!?

最初の旅はとにかく、浄化！浄化！っていう感じの1週間でした。

私自身、スピリチュアルなことは好きなのですが、現実主義な可愛くない部分もあって、みんなが噂している「セドナに行くと、気にあたったりするみたいよ」なんていうことも、「気にあたるって？　何それ？　そんなの私にはありえない！」と思っていたんだけど……。

でも、いちばん「大丈夫！　大丈夫！」なんていっていた私が、いちばん最初にセドナの聖地のエネルギーにあたって、旅の2日目に高熱を出してしまいました。

そのときは他の2人も、泣いたり笑ったり、とにかく感情のアップダウンが激しくて、相部屋にしていた私たちは、あっちもこっちも大騒ぎでした。

"気にあたる"という話は、あながち嘘でも迷信でもなく、あるときはあるし、ないときはまったくないし。

2度目の旅で、私は最初の経験を活かして、とりあえず自分をプロテクトする薬とかグッズを持って行きましたが、まったく何にもなく1週間が過ぎたのです。その代わり、そのとき一緒に行った友人に感情の浄化が始まって、泣いたり怒ったり寝込んだりで、前回の私たちのような状態になりました。

セドナはすごくエネルギーが高い場所だから、都会暮らしの私たちの気持ちが馴染むのには、時間が少しだけかかるということかもしれないなと思います。

そういう私が、それから1度も気あたりしていないかというと、実は一昨年やっぱりすごくあたってしまいました。顔中が熱の花になって腫れて、日本に帰ったら熱を出して寝込んでしまいました。

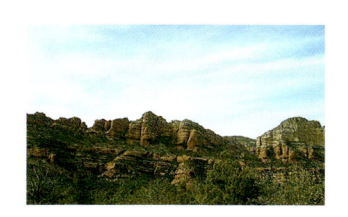

これについては、私の中での不思議なシンクロニシティーがあって、1度目のときも一昨年のときも、その2カ月後に妊娠してるんですね。
　セドナでは体調などがリセットされるって最初にいったけれど、私にとっての"セドナデトックス"は、新しくやってくる身体の変化に対応できるように、身体の中に溜まった毒素を一気に出す、きっかけのエネルギーをくれているんだって思います。
　もちろん、みんなが妊娠するとかという意味ではなく、身体と心と霊的な部分に溜まっている私たちのストレスを、セドナの赤い山たちは出す手伝いをしてくれるんだと思います。

はじめての旅。ベストウエスタンのバルコニーで

サイキック・リーディング体験

　はじめてセドナに行って、「何かしてみたいことはある？」とCHIZUKOさんに聞かれて、メンバー全員の意見が一致したのが、「サイキック・リーディング」でした。

　当時の日本ではなかなか、そんな機会はなかったし、自分の未来を見てもらいたい！　という興味で、さっそくアンダーラという女性のセッションを受けました。

「あなたは飛行機やエクスプレスなどで、たくさん移動する仕事をしているのですか？　ところで、あなたは今生で最後です。おめでとう！」

といわれて、目が点になりました。思わず、

「今生で最後って!?　もう私、生まれ変われないんですか!!」

「あなたは古い魂で、何回も生まれ変わっているんだから、もう光のもとに帰るのですよ。最後のこの人生で、あなたは色彩を通じてワークをする日が来るでしょう。それは、あなたにしか見つけ出せない色というのがあり、それを探して世界中を旅するということを表します」

　色彩といわれても、あんまりピンとこなかった当時の私。色といえばオーラソーマぐらいしか自分の中にはなかったので、「私がオーラソーマをするということですか？」と聞きました。

　そうしたら「いいえ。そういう出来上がっているものではなく、あなたがあなた自身で見つけていくものです」といわれました。

　彼女の言葉で「色」というのが印象に残っていた私は、とにかく色の勉強をと、オーラソーマの勉強を始めました。

　現在、オーラソーマティーチャーをしていたりするかたわらで、自分の中に芽生えてくる、彼女のいった"私にしか見つけられない色の世界"を、いつしか見つけ出したいと思っています。私の色彩の旅は始まったばかりで、いずれきっとその姿を変えていくのでしょう。

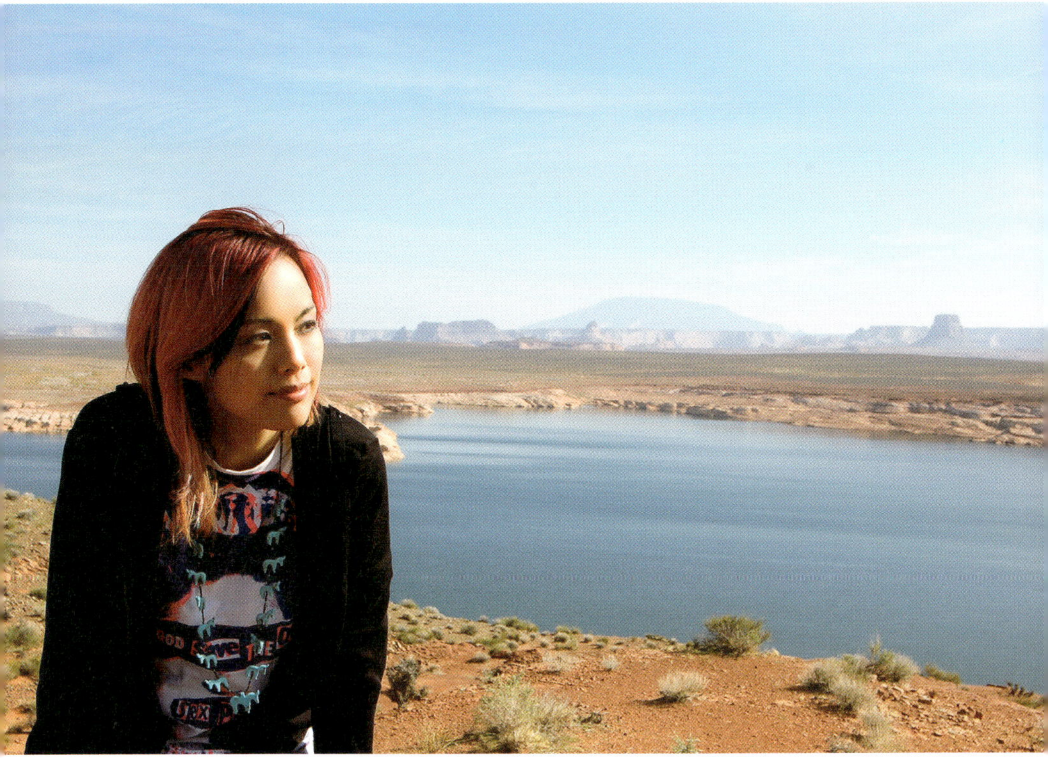

アンティークな天使の絵が美しい、じゅあんさんのエンジェルカード。今でも迷ったり悩んだりすると、ふと引いてしまいます

変化を知らせたエンジェルカード

　セドナへ旅立つ前に、中森じゅあんさんからエンジェルカードを頂きました。このエンジェルカードはトランプみたいで持ちやすくて、仕事に行くときもいつもカバンに入れて、時間があれば引いて遊んでいたのですが、何度引いても同じメッセージが出ていました。それは「変化」というメッセージ。
　何で変化なんだろう？　何が変化するんだろうって、ずっと思っていたけれど、今思えば、シンクロニシティーというものの本当の体験だった気がします。

　変化って、現在の自分のポジションからは絶対に見えないものです。未来の自分が過去の自分をふり返ったときに、「ああ、あのタイミングだったんだ！」というように。
　運命の流れを怖がらないで、受け止めることが少しずつできてきたら、大げさかもしれないけれど、新しい未来の扉がそこに開かれていた──というのが、私が体験していた変化かもしれません。
　旅の最後に、偶然にも寄ったお土産物屋さんで、フィンドフォーンの小さなエンジェルカードを見つけました。
　帰りの飛行機の中で１枚引いてみたら……「Transformation」。やっぱり変

『天使の愛』
(中公文庫)

『ANGEL CARD』
(大和出版)

中森じゅあんさんの天使のカードや本はいつも、
そのときの私に必要なメッセージを届けてくれる

化という言葉でした！　自分にとって必要なメッセージは、実際にまわりに溢れていて、そこにアンテナを立てることができたら、もっと重要なキーワードを受け取ることができるんだ！　という体験でした。セドナに旅をして、宇宙からの言葉や偶然という形で訪れてくるメッセージに敏感になり、スピリチュアルな部分で理解をしていく力が芽生えた気がします。

　セドナとの出会いがなければそれに気がつかず、私の内面はもう少しスローにしか成長しなかったかもしれません。

　すべてはみんな、つながっているんですね。

小さくてすごく可愛い、フィンドフォーンのエンジェルカード。これは「クリスタルマジック」（→P93）で買いましたが、日本でも手に入ります

61

Welcome

ボイントンキャニオン

BOYNTON PASS RD.

DRY CREEK RD.

セドナズ・ニューデイ・スパ

ROAD RUNNER DR.

ANDANTE DR.

RODEO RD.

COFFEE POT DR.

MOUNTAIN SHADOWS DR.

SOUTH WEST DR.

セーフウェイ

to COTTONWOOD

ARROYO PINON RD.

89A

ウエストセドナ

セドナ・スーパー8モーテル

SHELBY DR.

SUNSET DR.

NORTHVIEW RD.

オーククリーク

セドナタウンガイド

にぎやかな観光の中心地、アップタウンセドナ（P64〜76）、おしゃれなギャラリーショップが集まるビロー・ザ・ワイ（P77〜83）、地元の人の生活圏、ウエストセドナ（P84〜93）、セドナの奥座敷、オーククリーク・キャニオンなど、エリア別にガイド！

to SEDONA!

to FLAGSTAFF

ガーランズ・インディアンジュエリー

❹

89A

JORDAN RD.

アップタウンセドナ

SOLDIER PASS RD.

APPLE AVE.

❼
❻

観光案内所

FOREST RD.

オーククリーク

L'AUBERGE LN.

❷

POSSE GROUND RD.

❶

ショップス・アット・ハイアット・ピニョンポイント

The "Y"

レッドロック・スパ

AIRPORT RD.

BREWER RD.

テラカパキ

SCHNEBLY HILL RD.

エアポートメサ

ガーランズ・ナバホ・ラグズ

ホーゾー・ディスティンクティブ・ショップス＆ギャラリーズ

ビロー・ザ・ワイ

ヒルサイド・セドナ

空港

BACK O' BEYOND

CHAPEL RD.

N
W E
S

179

BELL ROCK BLVD.

❺

ベルロック

カセドラルロック

ベルロックプラザ

ビレッジ・オブ・オーククリーク

オーククリーク・ファクトリーアウトレット

VERDE VALLEY SCHOOL RD.

JACKS CANYON RD.

to PHOENIX

UPTOWN SEDONA

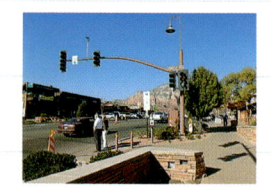

アップタウンセドナ

アップタウンはとても楽しい場所。歩いている人たちは、みんなセドナに来れた幸せ感でニコニコしてる。お土産物や石など、目移りするほどお店がずらり！ でも偶然入ったお店で、これはという出合いがあるから不思議。

マウンテンビューのカフェやレストラン、ショップなどが入っているセドナセンター

❼ ART BARN ROAD

89A ❻

APPLE AVE.
アップタウンモール
Ⅰ

HIGHWAY

ARRYO ROBLE DR.

J G
J F セドナセンター
B E （中にシナワプラザ）
K
D
H

❷

SMITH ROAD

DEREN ROAD

JORDAN ROAD

C

A J

FOREST ROAD
観光案内所 ●

L'AUBERGE LN.

J
ショップス・アット・ハイアット・ピニョンポイント ●

√ The "Y" へ

OAK CREEK

ウエスタングッズや石のお店がいっぱいのシナワプラザ

レストラン

● マゴカフェ&コリアンレストラン
Mago Café & Korean Restaurant

207-A North Highway 89A, Sedona,
AZ 86336
TEL(928)204-1047
magocafe@yahoo.com
(URLなし)
営 11:00〜20:00

MAP Ⓐ

韓国系のスピリチュアルグループが経営する、気軽に立ち寄れるカフェレストラン。清潔感のある気持ちのいい空間です。アジア系やヘルシー系のメニューが手ごろな値段で食べられます。1階にはギフトショップ&カフェが。
(編集部注：このお店は2013年に閉店しました)

赤い車体が可愛いセドナトロリー(→P71)

レストラン

● キャニオンブリーズレストラン
Canyon Breeze Restaurant

300 North Highway 89A, Ste 3,
Sedona, AZ 86336
TEL(928)282-2112
http://www.canyon-breeze.com/
営 8:00〜21:00

MAP Ⓑ

カフェテリア形式のカジュアルなレストラン。セドナの山々を見渡せる、景色の素晴らしいテラス席はおすすめ！ハロウィンのときは、この前のストリートは大騒ぎです。

※ショップデータに記載がなければ無休ですが、多くのお店が感謝祭とクリスマスはお休みです。

レストラン

● **カウボーイクラブ**
Cowboy Club

241 North Highway 89A, Sedona, AZ 86336
TEL(928)282-4200
http://www.cowboyclub.com/
営 ランチ11:00～16:00、
　ディナー17:00～22:00

MAP C

西部劇に出てくるような、ガイドブックやテレビ番組にもよく取り上げられている有名店。セドナでは基本的に、身体が野菜を欲するのだけど、どうしてもお肉が食べたい！という気分のときはここへ。

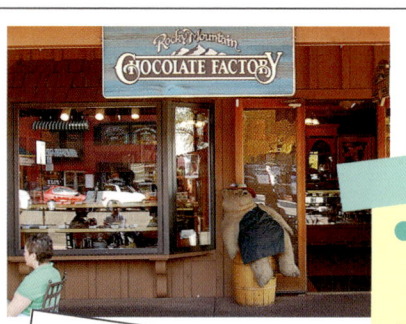

ショップ

● **ロッキーマウンテン・チョコレートファクトリー**
Rocky Mountain Chocolate Factory

320 North Highway 89A, Ste O, Sedona, AZ 86336
TEL(928)282-3383
http://www.rmcf.com/
営 11:00～19:00

MAP D

アメリカ版・りんごあめ発見！　私は残念ながらまだ食べたことがありませんが、あんなに大きな塊、一体どうやって食べるんだろう？？って、いつも思っています。

ショップ

● ボディブリス・
　ファクトリーダイレクト
BODY BLISS Factory Direct

320 North Highway 89A, Ste Q,
Sedona, AZ 86336
TEL(928)282-1599
http://www.bodyblissfactorydirect.com/
営 9:30〜20:00

MAP E

メイドイン・セドナの人気スパブランドの直営店。ナチュラルソープやアロマオイル、パワーストーン、ヒーリンググッズも販売。アロママッサージやクリスタルヒーリングのセッションなども受けられます。(→P117)

スピリチュアルの町・セドナ

　8年前にはじめてセドナを訪れたとき、何より驚いたのは、スピリチュアルなものが当たり前のように売られていたこと。

　アロマオイルやフラワーレメディ、ペンデュラムなど、そのころ日本で一生懸命探しまわっていたものが、スーパーやドラッグストアで普通に売られていました。まさにカルチャーショック！　日本って遅れているんだ……と実感しました。

　最近では、スパやラグジュアリーホテルなどがたくさん出来て、隠れた観光地になっているみたいですが、それだけではなく、スピリチュアリティを高めるためやヒーリングを学ぶために、たくさんのヒーラーが世界各国から訪れる、スピリチュアルの夢の町です。

ショップ

● キャンドルズ・バス＆ボディ
Candles Bath & Body

320 North Highway 89A, Ste 14,
Sedona, AZ 86336
TEL (928) 203-0764
candles@ilxresorts.com
(URLなし)
営 日～木曜10:00～18:00、
　金・土曜10:00～19:00

MAP F

可愛いキャンドルやバスグッズがいろいろでお土産探しにもおすすめ。ナチュラル素材のシャンプーやソープ、クレイパックなどの、セドナスパ製品も買えます。(→P117)
（編集部注：こちらのお店は2009年に閉店しました）

ショップ

● ジョーウィルコックス・
　ウエスタンウエア
Joe Wilcox Western Wear

320 North Highway 89A, Ste F, Sedona,
AZ 86336
TEL (928) 282-1348　(URLなし)
営 10:00～19:00
（季節によりもう少し遅くまで営業）

MAP G

ボディブリスの斜め向かいにあるウエスタンウエアの専門店。私はこの店で真っ赤なブーツと革のバッグを購入。今も愛用している、お気に入りのアイテムたちです。向かいにある姉妹店 Joe Wilcox Canyon Collection には、革製品などウエスタングッズがいろいろ揃っていて楽しい。

自立をうながすエネルギー

セドナにいると自立をうながされる気がして、長く滞在すればするほど、自分の中の弱さが強さに変わっていくのを感じます。

その理由を考えてみると、やはり町が穏やかで安全であるということ。というのはアメリカの中でもセドナは、犯罪が皆無といっていいくらいになく、とても安全なんですね。

日本も他の国に比べたら安全ですが、日常レベルでは、いろいろな人間関係のトラブルとか心配事が、たくさん起きてると思うんです。
「外側の安心感」って、心の平和にこんなにも影響力があるんだなってつくづく思いました。外に安全があれば、怖がる対象がそこにはないので、自発的な力が生まれたり、大胆になれる気がします。

誰に頼ることなく、誰に気兼ねすることなく、自分のやりたいように一日をつくれる。文字にするとささいなことかもしれませんが、意外とみんなそれをやろうとしたら、難しいものだったりしますよね。

でもこの町は、それを可能にしてくれる。穏やかで、でも力強いエネルギーがあると思います。

ショップ

● セドナ・キャンドル
  ギャラリー
Sedona Candle Gallery

276 North Highway 89A, Sedona, AZ 86336
TEL（928）204-0688
http://www.globalcandleinc.com/
営 日〜木曜9:00〜19:00、
　 金・土曜9:00〜21:00

MAP H

カラフルでポップな丸いキャンドルがずらりと並ぶ、ひときわ目をひくお店。天使やココペリなど、セドナらしいモチーフを描いたキャンドルもあって、見ているだけでハッピーな気分に！

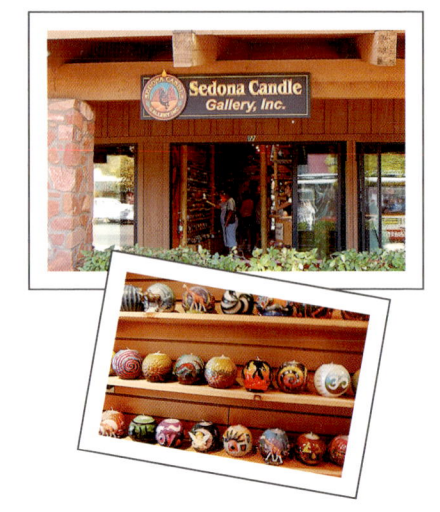

観光客が年々、増え続けているセドナの町は、いつもどこかで工事中

ショップ

● セドナ・クリスタル
  ボルテックス
Sedona Crystal Vortex

300 North Highway 89A, Sedona, AZ 86336
TEL（928）282-3543
http://www.sedonacrystalvortex.com/
営 9:00〜20:00
（季節によりもう少し遅くまで営業）

MAP I

パワーストーン好きならとりあえずチェック！スピリチュアル関連の書籍やグッズもいろいろ。カードリーディングなどのセッションが受けられるブースもあります。

交通

● セドナロードランナー
Sedona RoadRunner

TEL（928）282-0938
http://www.sedonaroadrunner.com/
（感謝祭、クリスマス、元日は運休）

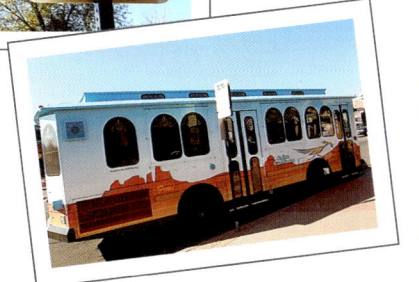

MAP J

アップタウンセドナとヒルサイド・セドナを結ぶ無料シャトル。セドナで唯一の公共交通機関です。毎日9:00から18:30まで、15分おきに走っています。キャニオンブリーズレストラン、観光案内所、テラカパキなどにも停車。
（編集部注：こちらのサービスは2011年6月30日までに終了）

交通

アップタウンと周辺のショッピングモールや観光地を効率よくまわりたいなら、トローリーツアーがおすすめ。セドナセンターにツアーデスクがあります。Aコース・Bコースの2ルートがあり、乗り降り自由。Bコースは、ボイントンキャニオン入り口のエンチャントメントリゾートにも立ち寄ります。（→詳細はP11）

● セドナトローリー
Sedona Trolley

TEL（928）282-4211
http://www.sedonatrolley.com/
1ルート＄15、2ルート＄25

MAP K

精霊たちと共に生きる町

　セドナに住んでいる友人から、「マドンナが、ボルテックスを望める場所に大きな家を建てているんだよ」と聞いたときには、びっくりしました。

　マドンナは、スピリチュアリティを追求して、精神力や肉体を霊的なものに結びつけていくことを実践している女性ですよね。カバラの教育システムのスクールをつくったり、占星術にも長けているようで、星の学びなどにも精通しているなんて素敵ですよね。

　数々のアーティストや俳優、女優などが訪れているセドナ。クリエイティブな仕事をする人たちは、磁石のようにセドナのエネルギーに引き寄せられるのかもしれません。

　私がはじめて行ったころには、セドナは本当に小さな小さな町という感じで、高級なホテルとかはなかったのですが……。今ではハイアットのモールが町の真ん中にあったり、ラグジュアリーホテルがたくさん建ちました。おしゃれなスパとかレストランも増えてきました。

　しかしセドナの人々は、大自然にとって無理な開発は行なわないということを守っていて、いたずらに山を切り崩したりはしないようです。なぜなら、すべての山々には精霊が宿っていて、その精霊たちの許しがない限り、開発を行なってはいけないから──。

　昔、山々の精霊・神に祈りを捧げずにゴルフ場をつくろうとして、大変なトラブルになったことがあったと、地元の人から聞いたことがあります。自然は本当に生きていて、魂を持っているんだなと気づくと、自分たちのまわりの自然も大事にしたいと思いますよね。

　ロハスという言葉は日本でもはやりましたが、ここでは流行ではなく、生活の一部がすべてエコにつながっている、というのがセドナからの学びでもあります。

セドナ観光の強い味方
いろいろな情報はここで！

セドナのツアー会社、レストラン、ホテルなど約1000種のパンフレットや地図が揃い、ガイドブックやポストカード、お土産物なども販売。フォーレストサービスのレンジャーが常駐していて、ハイキングやマウンテンバイクなどの情報を提供しています。レストランやショップで割引になるクーポンブック「セドナ・スーパーパス」（＄6）はお得です！（下の写真）

● **観光案内所**
Sedona Chamber of Commerce
Uptown Visitor Center

331 Forest Road, Sedona, AZ 86336
TEL（928）282-7722 /（800）288-7336
http://www.VisitSedona.com/
info@sedonachamber.com
営 月〜土曜8:30〜17:00、
　日曜9:00〜15:00
（感謝祭、クリスマス、元旦は休業）

アップタウン周辺

SHOPPING MALL
アートなショッピングモール①

Shops at Hyatt Piñon Pointe
ショップス・アット・ハイアット・ピニョンポイント

Intersection of Highways 179 & 89A
101 North Highway 89A, Sedona, AZ 86336
TEL (928) 254-1006
http://www.theshopsathyattpinonpointe.com/
営 10:00〜18:00
(ショップにより多少遅くまで開いているところも)

89A沿いの、ハイアットの大きな看板が目印

＜アクセス＞
ザ・ワイからハイアットの看板のわきの道を北へ上ると、すぐ右手に見えてきます。アップタウンからは歩ける距離。セドナロードランナーや、セドナトローリーも停車。

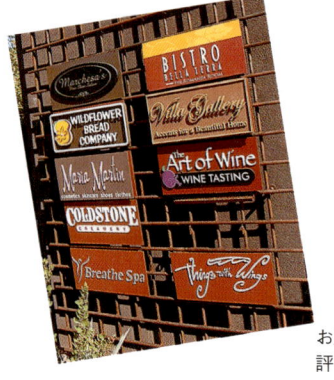

アップタウンに比べて、ちょっと大人の雰囲気のショッピングモール。売っているものも、クオリティーが高くて風変わりなので、お土産というより、自分のためのプレゼントが見つかるかもしれません。高台にあるから眺めも良くて、とても気がいいと感じられるおすすめの場所です！

お店の数は少ないけれど、どれも個性的。
評判のいいレストランもあり

ショップ&カフェ

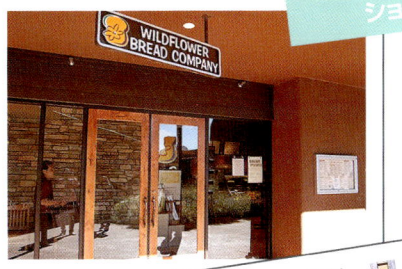

● ワイルドフラワー・
　ブレッドカンパニー
　Wildflower Bread Company

TEL（928）204-2223
http://www.wildflowerbread.com/
営 月〜金曜6:00〜21:00、
土曜7:00〜21:00、日曜7:00〜20:00

コマラ（→P 110）にどこかおすすめのお店はない？と聞いたら「ここのパンはピカイチだよ」と教えてくれて、食べてみると……本当においしい!!　感動です。

お天気のいい日は眺めの良いテラス席で、サンドイッチやフレンチトーストをブランチに

私はポニーやユニコーン、ペガサスのモチーフが大好き

※ショップデータに記載がなければ無休ですが、多くのお店が感謝祭とクリスマスはお休みです。

ショップ

●アート・オブ・ワイン
The Art of Wine

http://www.artowine.com/
TEL(928)203-9463
営 日〜木曜10:00〜18:00、
　　金・土曜10:00〜20:00

地元アリゾナ産のワインが揃う、ディスプレイもアートなワインショップ。テイスティングもできます。アーティストブランドのTシャツやアクセサリーなども売っていて、とっても不思議な雰囲気。

こんなワインスタンドなら、お部屋に置いてみたい!!

ショップ

●コールドストーン・クリーマリー
Cold Stone Creamery

TEL(928)203-7700
http://www.coldstonecreamery.com/
営 3〜9月
　日〜木曜10:00〜21:00、
　金・土曜 〜22:00（時により〜23:00）
　10〜2月
　月〜木曜12:00〜20:00、
　金曜12:00〜21:00、土曜11:00〜21:00、
　日曜11:00〜20:00

アメリカで大人気のアイスクリームショップがセドナにも！　並んでないから穴場です

76

SHOPPING MALL

アップタウン周辺

アートなショッピングモール②

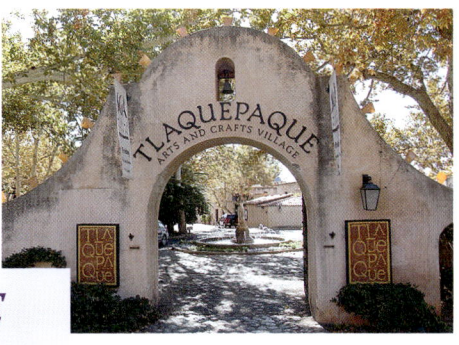

TLAQUEPAQUE
Arts & Crafts Village

テラカパキ・アーツ&クラフツビレッジ

336 Highway 179, Sedona, AZ 86336
TEL (928) 282-4838
http://www.tlaq.com/
営 10:00〜17:00
（ショップにより多少異なります）

<アクセス>

ザ・ワイから179を南へ下ると、すぐ右側にエントランスが。セドナロードランナーやセドナトローリーも停車。このテラカパキからヒルサイド・セドナまでを「ビロー・ザ・ワイ（Yの南）」と呼びます。

メキシコのグアダラハラの町をモデルにつくられた、緑がいっぱいのショッピングモール。セドナのランドマークといわれています。広い敷地内の2階建の建物に、ギャラリーやショップがぎっしり詰まっていて、はじめての人は迷子になってしまうかも……。ゆっくり時間のあるときに、道ばたのオブジェを楽しみながら散策すると、ふと迷い込んだショップで掘り出し物が見つかるはず！

まずはインフォメーションセンターで、モールの案内図を手に入れましょう。ジープレンタルやツアーの手配を行なうデスクもあり

ショップ

● **ハウ・スウィート・イット・イズ**
How Sweet It Is

TEL(928)282-5455
（URLなし）
営 10:00〜18:00

チョコレートショップだけど、スムージーやアイスクリーム、ジュースなども。テラカパキはちょっと座って休めるカフェが少ないので、ここで飲み物を買っておくと重宝します。

レストラン

● **シークレット・ガーデン・カフェ**
Secret Garden Cafe

TEL(928)203-9564
http://www.sedonasecretgardencafe.com/
営 9:00〜17:00

妖精(ようせい)が隠れていそうなローズガーデンを眺めながら、オーガニックな食材を使ったサラダやサンドイッチ、ワインなどを楽しめます。店内は意外にカジュアルな雰囲気。

バラの香りが風でフワーッと匂ってくる。素敵ですね

ちょっとひと休み。セドナにいると時間の流れもゆっくりで穏やかです

味も雰囲気も良いメキシコ料理店。メキシコ人の多いセドナには、メキシカンのお店がたくさんありますが、ここはかなり本場な感じです。

レストラン

● エル・リンコン・
リストランテ・メキシカーノ
El Rincon Restaurante Mexicano

TEL（928）282-4648
http://www.ElRinconRestaurant.com/
営 11:00～21:00
　（日曜 ～20:00、月曜 ～16:00）

量が多いので、タコスやエンチラーダスなどのコンビネーションプレートを、2人でシェアするのが正解！

町じゅうがアートと音楽と、光に溢れてる

ショップ

● コサス・ボニータ・デ・メキシコ
Cosas Bonitas de Mexico

TEL(928)204-9599
http://www.mexidona.com/
営 10:00〜17:00

色鮮やかなメキシコの陶器や小物が壁面いっぱいに並び、かなりテンションが上がるお店。(写真の左奥)ウエストセドナの「メキシドーナ」(→P91)の姉妹店です。

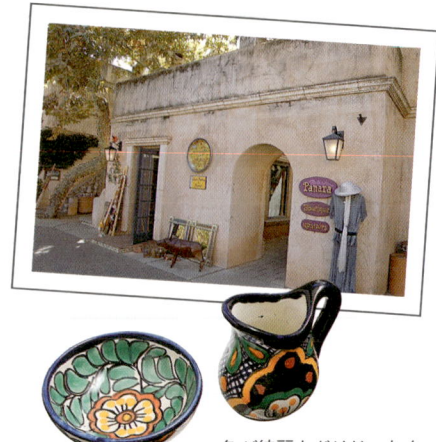

色が綺麗なだけじゃなく、丈夫で手触りもgoodなすぐれものの器たち

ショップ

● エル・プラド・ギャラリーズ
El Prado Galleries

TEL(928)282-7390
　　(800)498-3300
http://www.elpradogalleries.com/
営 10:00〜17:00

テラカパキのいちばん奥まった場所に、ゆらゆら動く不思議なオブジェの立ち並ぶ庭が……。一体どこに迷いこんだのかしら!?という気持ちになります。(編集部注:こちらのお店はヒルサイド・セドナ〈P82〉に移転しました)

中庭を埋めつくすように、針金アートやストーンアートが

80

1階はギャラリーやギフトショップ、2階には洋服のお店が多い

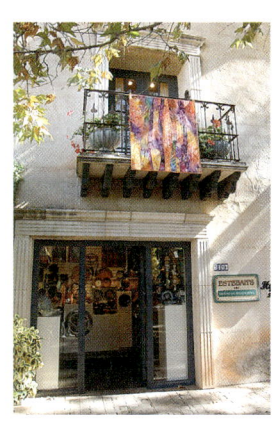

こんなお店も!

● インナーアイ・ギャラリー　The Inner Eye Gallery
　TEL(928)282-5250　(URLなし)
　営 10:00〜17:00

ハンドメイドのファウンテンや万華鏡、石を使ったアクセサリーなど、ちょっと欲しくなるクラフトがいっぱい！　私の知人は、荷物になるから買えなかったけれど、ネイティブアメリカン風の壺にかなり惹かれたそうです。

● ストーリーテラー・ブックストア　Storyteller Bookstore
　TEL(928)282-2144/(877)234-6753
　http://www.sedonabooks.com/　営 10:00〜17:00

セドナに関する書籍や地図が揃う、ローカルでマニアックな本屋さん。アメリカ南西部の料理本や、セドナらしいスピリチュアルなポストカードなどもいろいろあって楽しい。(編集部注:こちらのお店は2009年に閉店しました)

SHOPPING MALL
アップタウン周辺
アートなショッピングモール③

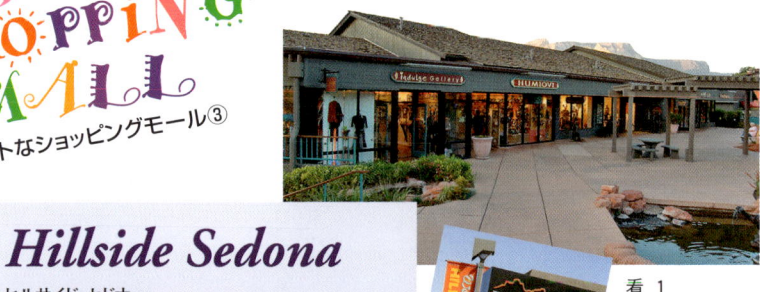

Hillside Sedona
ヒルサイド・セドナ

671 Highway 179, Sedona, AZ 86336
TEL(928)282-4500
http://www.hillsidesedona.net/
営 10:00〜18:00
（レストランを除く）

179沿いの大きな看板が目印

＜アクセス＞
ザ・ワイからHighway 179を南へ、車で約3分。セドナロードランナーや、セドナトローリーも停車します。

アーティスト村みたいなショッピングモール。絵やモニュメントがいっぱいです。私がここで見つけたのは、天使の形をした針金アート。窓辺につり下げる、サンキャッチャーのような役割のビー玉がついていて、とても可愛かった！　石屋さんにはアンモナイトみたいな大きな石が展示してあって、ちょっとした博物館のよう。町からふらりと抜け出して、アートに触れてみては？

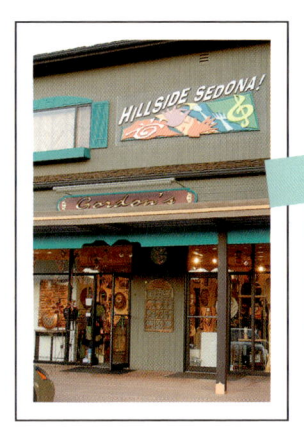

ショップ

● ゴードンズ
Gordon's

TEL(928)204-2069
営 10:00〜18:00

太陽の光を受けてキラキラ光る針金アートやガラス細工、時計などのスペシャリティーショップ

近くにこんな場所も！

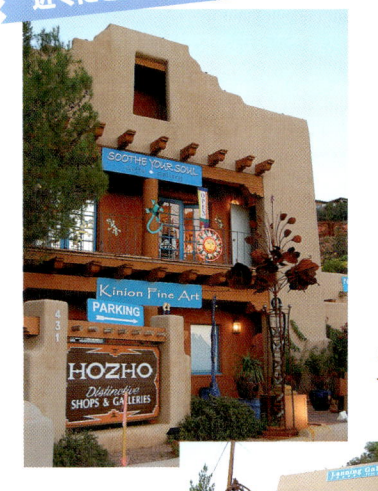

Hozho Distinctive Shops & Galleries

ホーゾー・ディスティンクティブ・ショップス&ギャラリーズ

431 Highway 179, Sedona, AZ 86336
TEL（928）204-2257（管理オフィス）
（URLなし）
営 月～土曜10：00～18：00、
　 日曜11：00～17：00

ネイティブアメリカン・アートのTurquoise Tortoise Gallery（TEL 928-282-2262）など、クオリティの高いショップが入っている、小さな宝石箱のようなショッピングモール。

ポニーのオブジェたちがこっちを見ていました

Garland's Navajo Rugs

ガーランズ・ナバホ・ラグズ

411 Highway 179, Sedona,
AZ 86336
TEL（928）282-4070
http://www.garlandsrugs.com/
営 月～土曜10：00～17：00
　 日曜11：00～17：00

ホーゾーの隣にある、ネイティブアメリカン・ラグの専門店。奥にはアンティークのクラフトのギャラリーが。オーククリーク・キャニオンにある姉妹店のGarland's Indian Jewelry（TEL 928-282-6632）には、素敵なインディアンジュエリーが。

※ショップデータに記載がなければ無休ですが、多くのお店が感謝祭とクリスマスはお休みです。

WEST SEDONA ウエストセドナ

ザ・ワイから西へ89Aに沿って広がる、ウエストセドナ。スーパーマーケットや銀行、映画館などが並ぶ、ローカル御用達のエリアです。地元の人たちが集うコーヒーショップやおいしいレストラン、セドナらしい個性的なお店もいっぱい！

小さな町・セドナ

　セドナでは、見知らぬ人が気軽に声をかけてきます。警戒心が、まるでないところです。タクシーがなくて困ったな、と思っていると、「乗せていってあげようか？」と、声がかかる。普通、海外旅行で見知らぬ人の車になんか、乗らないですよね。でも、セドナではそれが普通にできてしまったりします。

　街というより、セドナは町。小さい町なんですよね。だからみんながどこかで知り合いでつながっていて、話が通じたり、隣人のように優しく接してくれるんですね。

セドナではマクドナルドも、ターコイズカラー！　こんなマックは全米でここだけです

レストラン

● **ザ・ハートライン・カフェ**
The Heartline Café

1610 West Highway 89A, sedona, AZ 86336
TEL (928) 282-0785
http://www.heartlinecafe.com/
🕐 ランチ11:00～14:30、
　　ディナー17:00～21:30

MAP ⓛ

人気メニューのピーカンナッツソースを使ったニジマスのソテー(左)と、ポークテンダーロイン

私はここのお魚料理が大好き。ディナーにぜひ。キャンドルの明かりがムード満点。お天気の良い週末のランチならテラス席で。電話で予約すればテイクアウトもできます。

レストラン

● **ピカソズ・オーガニック・イタリアンキッチン**
Picazzo's Organic Italian Kitchen

1855 West Highway 89A, Sedona, AZ 86336
TEL. (928) 282-4140
http://www.picazzos.com/
🕐 日～木曜11:00～21:00、
　　金・土曜11:00～22:00

MAP ⓜ

ローカルに人気ナンバーワンのピザ専門店。サイズの大きさと、おいしさにびっくり！ランチタイムは行列覚悟。写真は薄いパイ生地に、アンチョビ、松の実、アーティチョーク、ハラペーニョ、ブラックオリーブ、フェタチーズをトッピング。

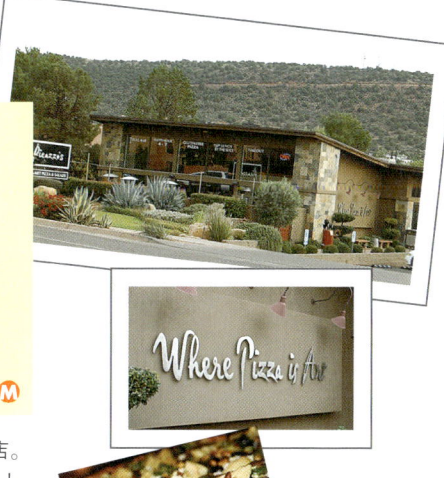

ピザは芸術！お店の外壁に書かれたコピーに偽りなしの味です

※ショップデータに記載がなければ無休ですが、多くのお店が感謝祭とクリスマスはお休みです。

レストラン

● コーヒーポットレストラン
Coffee Pot Restaurant

2050 West Highway 89A, Sedona, AZ 86336
TEL(928)282-6626
http://coffeepotsedona.com/
営 6:00〜14:00 **MAP N**

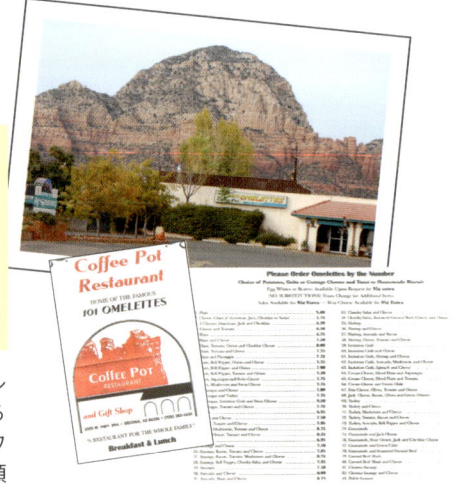

アボカド、チーズ、オニオン、マッシュルームなど、101種類のオムレツで知られる安くておいしい朝食のお店。焼きたてのワッフルやパンケーキも、トッピングの種類が多くて選べない!! 朝は地元の人たちで大賑わいなので、ブランチタイムが穴場。

お皿からはみ出しそうな、熱々のオムレツ

レストラン

● ダール＆ディルーカ・リストランテ・イタリアーノ
Dahl & Di Luca Ristorante Italiano

2321 West Highway 89A, Sedona, AZ 86336
TEL(928)282-5219
http://www.dahlanddiluca.com/
営 17:00〜22:00前後 **MAP**

有機野菜たっぷりの手打ちパスタは、とても繊細な味わいでした

エントランスのイルカのモニュメントが印象的な、おいしいと地元で評判のイタリアン。中世風の、シックでロマンティックな雰囲気ですが、サービスはかなりフレンドリーなのがセドナ流。ワインのセレクトもいいので、特別なディナーにもマルです。

レストラン

● タイ・スパイシーズ・
　ナチュラル・レストラン
Thai Spices Natural Restaurant

2611 West Highway 89A, Sedona,
AZ 86336
TEL（928）282-0599
http://www.thaispices.com/
営 ランチ11:30〜15:00、
ディナー17:00〜21:00
（日曜休み）

MAP P

インテリアがどことなくニューエイジな、タイ料理店。セドナに行くと必ず訪れるレストランの1つです。味がマイルドで、どれを頼んでもおいしい!!

レストラン

● デリッシュ・ベリー・
　ベジタリアン
D'lish Very Vegetarian

3190 West Highway 89A
Ste 300, Sedona, AZ 86336
TEL（928）203-9393
http://www.dlishsedona.com/
営 11:00〜20:00

MAP Q

セドナではなぜか野菜が食べたくなる！このベジタリアンカフェはおすすめです。オーガニックにこだわっていて、味もボリュームもバツグン。大豆のパテのハンバーガーは大きすぎて、残りをテイクアウトしました。

（編集部注：こちらのお店は2011年に閉店しました）

ゴマたっぷりのバンズにアボカドとオニオンをトッピング

スイーツもオーガニック。優しい味で、どれもおいしいです

87

愛すべき町の人たち

　セドナで感動したのは、すごくみんながフレンドリーということ。
　どこからやってきたかもわからない、外国人のツーリストをお家に招待して、バーベキューをご馳走してくれるなんて、ちょっとびっくりしませんか？
　私は相当な人見知りさんなんですが、セドナに行ったとき、タイ料理レストランで偶然、隣のテーブルにいた２人の男の人に、「明後日、友人たちとバーベキューをするからおいでよ！」とさわやかに誘われ、日本だったら絶対にありえないのですが、本当におじゃましてご馳走になったのです。それがきっかけで、ずっと仲の良い友人として、メールのやりとりをしています。
　彼らの名前は、アーネとアンディ。アーネはクリスタルやジュエリーを扱うカンパニーを経営していて、アンディはサラという綺麗な奥さんがいて、２人の間には赤ちゃんが生まれました。
　今はもう、アーネはセドナから引っ越してしまったけれど、言葉もわからなかった私にいろいろなことを見せて教えてくれた、大切な出逢いでした。
　セドナは小さな町です。なので、友人が偶然にも自分の友人だった、ということは頻繁に起きます。
「実はアンディから、七瀬さんのことを聞いていたのよ」というのは、私のオーラソーマの大先輩でもある、武藤悦子さん。武藤さんはセドナに住んでいた時期があって、私のことを彼らから聞いていたみたいです。
　それから何年もたって、はじめて武藤さんと会ったとき、そんなセドナの共通の友人を発見して、本当に驚きました。
　人と人の出逢いが、ビーズのブレスレットのように細く長くつながっているんだって、それが東京であっても、日本であっても、世界であっても、つながっているんだって、セドナは教えてくれた気がします。

ショップ

● アートマート・ギャラリー
Art Mart Gallery

2081 West Highway 89A Ste 11,
Sedona, AZ 86336
TEL(928)203-4576
http://www.artmartgallery.com/
営 月～土曜10:00～18:00、
　日曜11:00～18:00

MAP Ⓡ

可愛いセドナグッズの穴場です。地元のアーティストや、ネイティブアメリカンの人たちが作ったジュエリーやオブジェなど一気に見られるのがうれしい。私はここで、ユニコーンのネックレスを購入。(P16の写真で着けています)

綺麗な音がするレインスティック(右)と、カチーナの飾り

お土産のドリームキャッチャーなどを、たくさんgetしました

フェニックス～セドナ間のシャトルが発着する、スーパーエイト。89Aを挟んだ向かいには、買い出しの定番・サークルKが

● セドナ・スーパーエイト
Sedona Super 8
TEL(928)282-1533 /(800)858-7245

89

ショップ

● ニューフロンティア・ナチュラル・マーケットプレイス
New Frontiers Natural Marketplace

1420 West Highway 89A, Sedona, AZ 86336
TEL(928)282-6311
営 月～土曜8:00～21:00、
　日曜8:00～20:00

MAP ⑤

オーガニックフードの大型スーパーマーケット。ここでジュースや、毎日の食事の材料など調達してました。ベジタリアン向けのお総菜も揃っていて、味もなかなか。オーガニックのサプリメントや、フラワーレメディ、ホメオパシーなども買えます。

（編集部注：2014年より名称がホールフーズ・マーケットに）

セドナの野菜はおいしい

　アメリカって、決して「野菜がおいしい」というイメージのある国ではないのに、なぜかセドナは野菜がイキイキしていて、すごくおいしい。オーガニックやベジタリアンのカフェや、「ニューフロンティア」のようなナチュラルフードのマーケットも充実しています。お肉を食べたいという気持ちにも、日本食を食べたいという気持ちにも、滞在中いつも、ならないんですよね。本当に不思議です。

　身体は正直というのでしょうか、ローカロリーな食生活を続けていると、朝スッキリ目が覚めて、「山に登ろう！」という気持ちになったりします。そしてお肌の調子もバッチリに！

ショップ&カフェ

● バーシャス・マーケット
Bashas' Markets

160 Coffee Pot Dr., Sedona,
AZ 86336
TEL(928)282-5351
http://www.bashas.com/
営 6:00〜23:00

MAP ❼

アリゾナの地元のスーパーマーケット。品揃えにもローカル色が出ていて、楽しくお買い物できます。並びにあるメキシカン「カサ・ボニータ」は、ファミレス感覚でカジュアルに食事したいときに使えます。ベジタリアン向けメニューもあり。

外観は地味だけど、中に入るとものすごく可愛い内装の「カサ・ボニータ」(左端)

ショップ

● メキシドーナ
Mexidona

1670 West Highway 89A, Sedona,
AZ 86336
TEL(928)282-0858
http://www.mexidona.com/
営 10:00〜17:00

MAP ❽

89Aをドライブしていると、ひときわ目を引くカラーの建物。いくつかの部屋に分かれた広い店内に、メキシコ直輸入の雑貨や陶器、家具などがぎっしりとディスプレイ。写真はメキシコのアーティストの作品で、手のりサイズで確か$30くらい。

YUKIYAさんのヘナ

　CHIZUKOさんがあるとき私に、「七瀬ちゃん、私ももう年で、フェニックスまでのドライブも、ときどきしんどいの。今回もし良かったら、私の息子のような男の子がいるんだけど、その子にアテンドをお願いしてもいいかしら？」といったのが、私とYUKIYAさんとの出逢いでした。彼はCHIZUKOさんのピンチヒッター役を務める顔と、ヘナアートのアーティストという2つの顔を持っていました。

　YUKIYAさんは、アメリカ中を旅して、人々にヘナのアートをしてきました。ヘナとは、100％自然のハーブから生まれる染料のこと。そのハーブを使って、消えてしまうTATOO（約2週間ぐらいはもちます）を楽しむことができるのです。

　100％ナチュラルなヘナでTATOOを入れてもらうと、不思議と心や考え方に変化が訪れたり、身体もリラックスします。

　そのときの絵柄は、もちろんリクエストすることもできるけれど、YUKIYAさんにお任せで描いてもらうと、これもまたシンクロして、自分の中にあったイメージがそのまま描かれてたりして面白いです。

　一度、背中一面に描いてもらったことがありましたが、その間あまりにも気持ち良くて、ぐっすり寝てしまいました。

　エステとはまったく異なるし、ヒーリングとも少し違うのだけど、セドナに来たという思い出を身体にアートして、日本に持ち帰れる、自分自身への記憶のお土産みたいな、そんなワークだったなと思います。

　彼は現在セドナを離れて、日本でも活動しています。機会があったら、本物のヘナアートをみなさんにも体験してほしいなぁと思います！

　●YUKIYAさんの問い合わせ先　blissball@hotmail.com

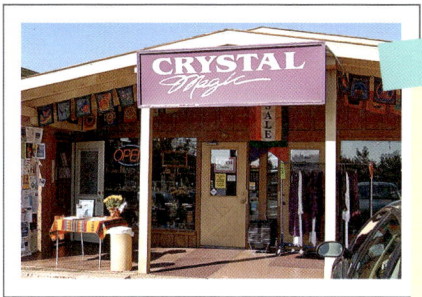

ショップ

● クリスタルマジック
Crystal Magic

2978 West Highway 89A, Sedona, AZ 86336
TEL（928）282-1622
http://www.crystalmagicsedona.com/
営 月～土曜9:00～21:00、
　 日曜9:00～20:00

MAP V

欲しいものが必ず見つかる（!?）お店・クリスタルマジック。私はこのお店が大好き。クリスタルはもちろん、セージやエンジェルカード、スピリチュアルグッズがいっぱい！

ショップ

● カチーナハウス
Kachina House

2920 Hopi Dr., Sedona, AZ 86336
TEL（928）204-9750 /（866）587-0547
http://www.kachinahouse.com/
営 月～金曜8:30～16:30、
　 土曜8:30～14:30、日曜10:00～14:00

MAP W

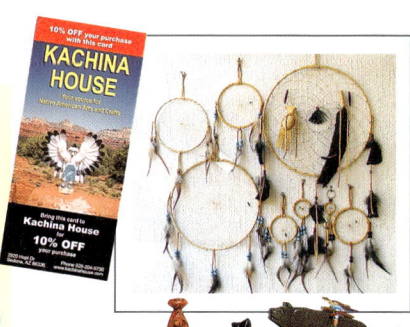

ネイティブアメリカンのクラフトショップ。倉庫のような店構えで、本格的な品が手ごろな値段で手に入ります。ホテルなどに置いてあるお店のチラシ持参で10%OFFに！

いろいろなサイズのドリームキャッチャー（上）と、石細工の動物たち

HOTEL & SPA GUIDE
ホテル&スパガイド

セドナにはいいホテルがいっぱい！ リゾートホテル、B&Bなどいろいろなタイプがあるので、お気に入りの一軒を見つけてください！

ウエストセドナ

★ 泊まりやすさでイチオシ！　　　　　　　MAP ❶
ベストウエスタン・プラス・イン・オブ・セドナ
Best Western Plus Inn of Sedona

1200 West Highway 89A, Sedona, AZ 86336
TEL（928）282-3072 /（800）292-6344
http://www.innofsedona.com/

私が最初の旅で泊まったのがここ。手ごろで泊まりやすい、おすすめのホテルです。送迎などもしっかりしているので、私が主宰するヒーリングスクール「ORENDA」で企画したツアーでも使ったことがあります。ちょっとした丘の上にあるので、バルコニーのデッキチェアに座って、360度の星空を眺める楽しみも！

ほかにもいろいろあります！ 地元の人おすすめのホテル

●ラグジュアリーステイ派なら……

セドナの自然と一体化するように建てられた、ラグジュアリーなリゾートホテルは、泊まってみる価値あり！ レッドロックのエネルギーを感じながらのスパは、格別です。高級ホテルでも、サービスはどこもフレンドリーなので安心。

アップタウンセドナ　　MAP ❷

アマーラホテル・レストラン&スパ
Amara Hotel, Restaurant & Spa

310 North Highway 89A, Sedona,
AZ 86336
TEL（928）282-4828
http://www.amararesort.com/

アップタウンの真ん中にある高級リゾートホテル。出来たばかりのときに泊まりました。レストランの「ハンドレッド・ロックス」も、AAA4ダイヤモンドです。スパはアリゾナ州で唯一、イギリスのElemisのスパ製品を使用。

ウエストセドナ　　MAP ❸

セドナ・ルージュホテル&スパ
Sedona Rouge Hotel & Spa

2250 West Highway 89A, Sedona,
AZ 86336
TEL（928）203-4111 /（866）312-4111
http://www.sedonarouge.com/

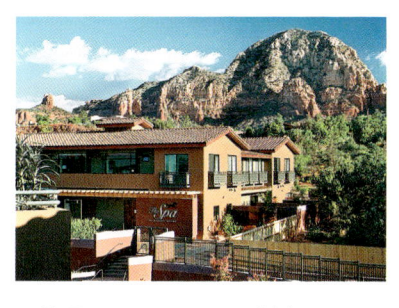

2005年オープンの高級リゾートホテルで、基調カラーはルージュ（赤）。レストランの「レッズ」はローカルに人気です。スパは、セラピストの質に定評あり。ディビオ（→P115）のホットストーン・マッサージもアレンジしてくれます。

●静かな一軒宿が好みなら……

郊外にある個性的な高級B＆Bも、セドナらしいステイを満喫できるのでgood！ おいしい朝食も楽しみの１つです。下の２軒は、ハネムーンにもおすすめの隠れ家ふう。

オーククリーク・キャニオン　**MAP ❹**

ブライヤー・パッチ・イン
Briar Patch Inn

3190 North Highway 89A, Sedona, AZ 86336
TEL（928）282-2342 /（888）809-3030
http://www.briarpatchinn.com/

オーククリーク沿いの森の中にひっそりと佇（たたず）む、ハイクラスのB&B。１戸ずつすべて違うつくりのコテージが、広い敷地に点在。朝食はすべて手作りでナチュラル。ややピリ辛のキッシュは、ついお代わりしてしまいます。

ビレッジ・オブ・オーククリーク　**MAP ❺**

アドベ・ビレッジ・グラハム・イン・フォーダイヤモンド
Adobe Village Graham Inn - 4 Diamond

150 Canyon Circle Drive, Sedona, AZ 86351
TEL（928）284-1425 /（800）228-1425
http://www.adobevillagegrahaminn.com/

妖精の国に迷い込んだような雰囲気の高級B&B。お部屋のインテリアも凝っていて素敵。セドナの町から少し離れたビレッジ・オブ・オーククリークにありますが、ベルロックのエネルギーを身近に感じながらのステイもいいかも！

●セドナ気分を存分に味わうなら……

アップタウンセドナ　　　　　　　　MAP ❻
ベストウエスタン・プラス・アロヨローブリ ホテル&クリークサイドヴィラ
Best Western Arroyo Roble Hotel & Creekside Villas

400 North Highway 89A, Sedona, AZ 86336
TEL(928)282-4001 / (800)773-3662
http://www.bestwesternsedona.com/

2400を超えるベストウエスタンチェーンのホテルのベスト8「ベスト・オブ・ベスト」に選ばれたホテル。プライベートバルコニーやパティオからは、レッドロックが目の前に！　オーククリーク沿いのお部屋はコンドミニアムふう。

●経済的にセドナを楽しむなら……

アップタウンセドナ　　　　　　　　MAP ❼
ラ・ビスタ・モーテル
La Vista Motel

500 North Highway 89A, Sedona, AZ 86336
TEL(928)282-7301 / (800)896-7301
http://www.lavistamotel.com/

セドナでもっとも歴史のあるモーテルの1つ。佇まいにも風情があります。お部屋は清潔で機能的。お買い物に便利で、女性1人でも泊まれる安全な宿です。

ウエストセドナ　　　　　　　　　　MAP ❽
ホワイトハウス・イン・セドナ
White House Inn Sedona

2986 West Highway 89A, Sedona, AZ 86336
TEL(928)282-6680
http://www.sedonawhitehouseinn.com/

タイスパイシーズ（→P87）に隣接する、こぢんまりしたモーテル。日本びいきのインド人オーナーが、何かと親切にしてくれます。ここも清潔で安全な宿。

ちょっと足をのばして...
OAK CREEK CANYON
オーククリーク・キャニオン

山とクリークに挟まれた一本道をドライブしていると、こんなふうに、ぽつりぽつりとショップやレストランが

　アップタウンから89Aを北へ、少し車を走らせると、町の喧噪(けんそう)がふいに息をひそめ、オーククリークの水音が聞こえてきます。隠れ家っぽいムードの、一軒家のホテルやレストラン、インディアンジュエリーのお店などが点在していて、セドナの奥座敷という感じのエリアです。
「妖精が出る」といわれて、地元の友人に連れていってもらったのですが、静かすぎて、一人で出かけるのはちょっと怖いかも!?　ちなみにこのあたり一帯もボルテックスだという人たちもいます。

オーククリーク沿いの一軒宿「ブライヤー・パッチ・イン」(→P96)の中庭にて。ここの敷地内には、ちょっと人見知りな羊たちも飼われています

晩秋のセドナはおすすめ

　私のおすすめセドナのベストシーズンは、秋の終わりから冬の始まり。このオーククリーク・キャニオンの写真も、11月の初めに行ったときに撮ったものです。

　一度、真夏に行ったことがあったけれど、町といっても、あたりは砂漠！しかもアジアの湿気がないので、つい油断して1～2時間でも外にいようものなら、日焼け止めを塗ってもきっちり真っ黒で、やけどみたいになってしまいました。(ちなみにどの季節でも、日焼け止めは忘れずに！)

　10月ぐらいまで日中はしっかり暑いので、水着を持っていけば、プールや川遊びなどを楽しむことができます。ただし、夏でも夜はずいぶん肌寒くなります。だから私はカーディガンや、少し厚めのトレーナーなどを持っていきました。

　冬のセドナは、日中はとってもすごしやすい、ほどよい気温です。薄めの長袖や、日によっては半袖でもOKなぐらい。

　でも夜は……ダウンジャケットやフリース、厚手の手袋などがマストアイテムになるぐらい温度差があるので、気をつけないといけません。

ターコイズのアクセサリーを選ぶ目が真剣！　結局、買ったのは、インディアンクラフトの小さな香炉でした

もっと足をのばして…

ANTELOPE CANYON
アンテロープキャニオン

神秘のアンテロープキャニオン

　いつか行ってみたい。そう思いながら5年以上たって、ようやく行くことができた神秘のキャニオン。セドナの町でよくポストカードで見ていた、あの嘘のような、魔法のような光の世界は、本当に実在するのか？ というのが、私の中の大きな興味だったのですが……あるんですね、こんなに素晴らしい場所が！

　ここにたどり着く道中は、思ったよりも大変。山のぼこぼこ道を延々、ジープで飛ばしまくるのです。私が行ったのは秋だったけれど、セドナよりも北側なせいもあって、スピードを上げられると寒い！

　ジープは、アップタウンでも見かけるようなオープンタイプ。ハンドルにしっかりつかまりながら見えてきた景色は、ネイティブアメリカンの村！　そこにはテントや焚き火の跡がありました。

　ジープに乗って30分。到着したアンテロープ。外側からは何もわからないけれど、入ったらそこは光の世界。

　太陽の光が、赤い岩と岩のすき間から差し込んできて、それは何とも綺麗な輝きを見せてくれます。何年も、何百年も、積み重なって出来たケーブ。雨やその重みで徐々に沈んでいき、形が変わっていくそうです。

　ここに入ると、心も身体もすっと洗われるというか、ものすごく軽くなるのに驚きました。これまでいろいろな洞窟に行ったけれど、こんなにポジティブな洞窟ははじめてでした。セドナからは少し遠く離れていますが、時間に余裕がある人には絶対おすすめしたい、魔法の世界です。

●問い合わせ先
アンテロープキャニオン・ツアーズ
バイ・キャロリン・エイキス
ANTELOPE Canyon Tours
by Carolene Ekis
TEL（928）645-9102 /（866）645-9102
Cell：（928）660-0739
http://www.antelopecanyon.com
tours@antelopecanyon.com

セドナから89Aをひたすら北へ。ツアーデスクのあるページまで、車で約5時間

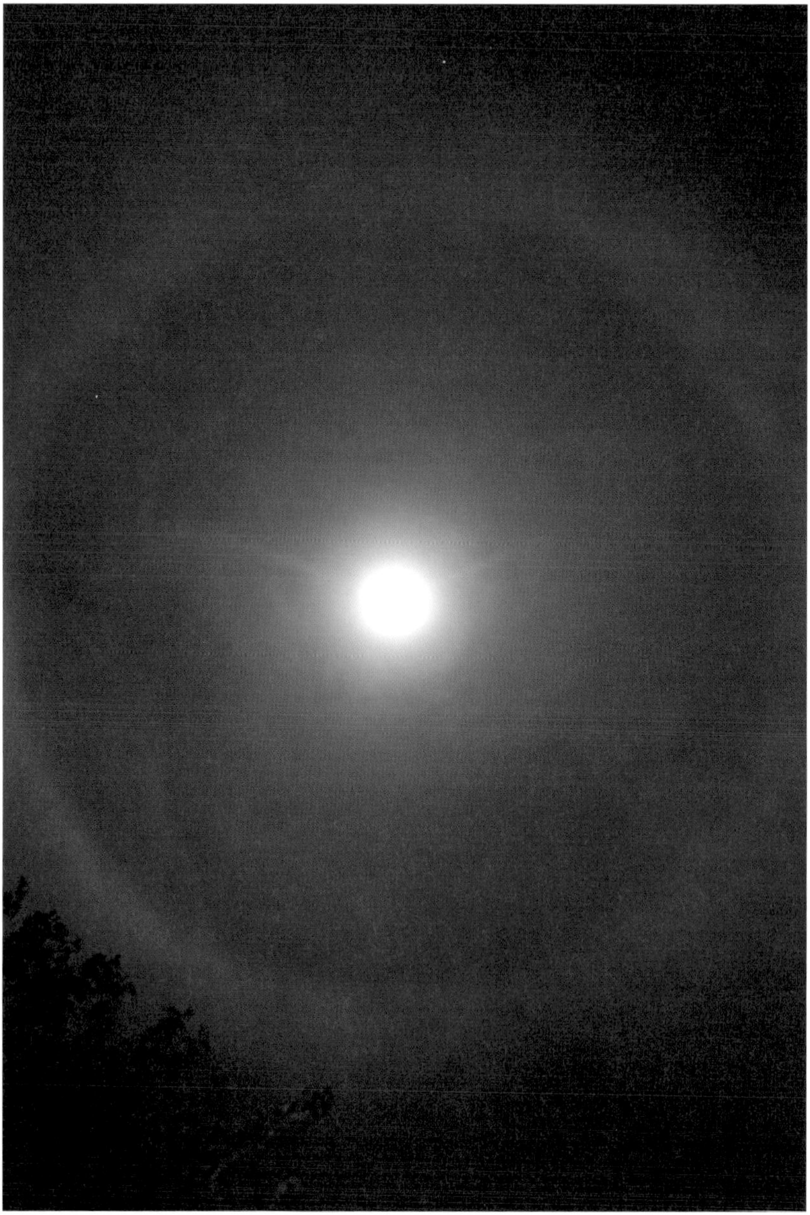

セドナの夜の話

はじめての夜の虹

　ムーンボウ（Moonbow）って見たことありますか？　満月にかかる夜の虹。私はセドナではじめて見たのですが、満月の強烈な光が外側にもれて、さらに大きな光の輪を作っている神々しさ……とても感動的でした。
　月や星が好きでたくさん見上げてきたけれど、こんな満月とは対面したことはありませんでした。
　月は、満ち欠けを繰り返す成熟のプロセス。月からもらえるエネルギーは、強くて暖かい太陽からのものとは対極の、優しくて穏やかで繊細なエネルギーですよね。
　この月を見たとき、心の中が綺麗に何もなくなって、ただそこに立っているという空間に迷い込んだ気持ちがしました。
　時間が止まっているのか何なのか。
　街灯のない砂漠の中で、ただある灯りは月明かり……なんてロマンティック。都会にいると、こんなふうに何も考えないで自然を感じるなんて、なかなかないこと。
　これからセドナに行くときは、満月の日を狙っていくのも、ちょっと自分なりの楽しみがあるかなと思いました。

セドナの夜の話

魂のエステ・月光浴

　満月の夜には、ぜひ月光浴を。ムーンボウが出ていたなら最高です。
　セドナでは、満月の夜中にハイキングに出かけることがあるそうで、それは灯りを持たずに行くようです。月明かりだけを頼りに、山道を進んでいく。そこで音楽をかけながら踊ったり、メディテーションしたりしながら、朝日が出るまで月光浴を楽しむ──。
　ここまで本格的とはいかなくても、ホテルのバルコニーやガーデンに出て月の光を思いきり浴びるだけでも、本当に気持ちがいい！
　月が教えてくれることって、私たちの中にある「生と死」のサイクルだと思うんです。
　それは命ということもあるけれど、日常的に考えると、１つが終わりまた１つが始まっていくというプロセスの、生と死。つぼみが成熟して、枯れ落ちて、またつぼみをつけるといったような、そんな循環。
　だから、うまくいかないことや悩みがあっても、それはまた巡り巡って、いい場所に収まるんだって信じる力をくれる。時間がすべてを解決して、人間にとっての幸せに導いていくというメッセージを、私はいつも月からもらう気がします。
　月光浴って魂のエステをしているみたいで、私のお気に入りの１つです。

鳥のような流れ星

　セドナの夜はいつも、満天の星空が広がっています。
　流れ星を見たことがなかった私の友人は、セドナで数えきれない流れ星を見て、号泣してしまいました。
　ミルキーウェイは、神秘的に真上に広がっていて、何ともいえない気持ちになります。星を見ていると、遠くでコヨーテが鳴く声が聞こえたりして、「ああ、ここは砂漠なんだな」って気がつきます。
　ある夕方、ショッピングモールでお買い物をして、車に乗ろうとしたら、銀色の素早い鳥が、私たち目がけて飛んできたように見えたことがありました。
　てっきり鳥だと思ったんですが、それは大きな大きな流れ星だったんですね。しかも私たちの車のほう目がけて墜ちてきたように見えたので、本当に驚きました。
　こんな大きな流れ星を見られるのも、街灯が本当に少ないセドナならではの楽しみかもしれないですね。

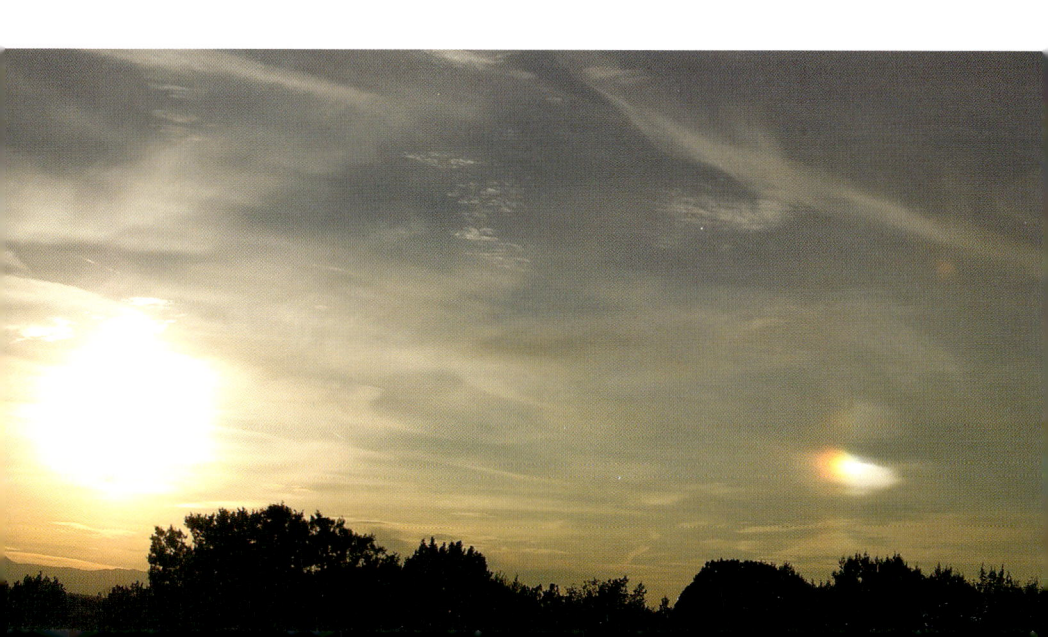

スピリチュアル＆ヒーリング体験

儀式体験　スウェット・ロッジツアー

●ツアー問い合わせ先
アトラスアメリカ　Atlas America
P.O. Box 574, Sedona, AZ 86339
TEL （928)203-4383（日本語対応）
URL http://www.atlas-america.com/
eメール info@atlas-america.com
🕘 9:00〜18:00（無休）

「ORENDA」のツアーで、ネイティブアメリカンの方のお家におじゃましました。スウェット・ロッジの前に、まず歴史の勉強やチャンツ（詠唱）の練習をします

　ネイティブアメリカンに古くから伝わる聖なる儀式「スウェット・ロッジ」を、セドナで体験することができます。ツアーによって、ハードだったりソフトだったり、ホストによっても、まったく違ったものになるようです。
　私が参加したのは、セドナに住んでいるネイティブアメリカンの方のお家に行って体験する、とてもソフトなものでした。
　その方の主宰するスウェット・ロッジは、毎週来ているという近所の人も加

私たちが体験したスウェット・ロッジは撮影禁止だったので、これは別のファミリーのもの（イメージ写真）

わってのアットホームな感じで、はじめての体験にはぴったりの、穏やかなムードが漂っていました。

スウェット・ロッジは、生まれ変わりの儀式です。大きな布で囲ったドームに入って、中心に焼いた石を置き、熱さと暗やみの中で祈りを捧げ、自分の弱さや問題と直面して、それを自分自身で超えていく精神力をつけるものです。

中に入る準備をして、太陽が沈んだら儀式の始まりです。まわりは街灯などもない砂漠ですから、光のもとは月と星、そして聖なる火だけです。

ほとんど素肌に近い状態でそこに入っていくので、とても熱い！　汗がだらだら出る中で、まわりは暗やみ。何も見えないのがこんなにも怖いことだとは、思いもしませんでした。

繰り返しやってくる「ここから逃げ出したい！」という感情との闘いで、自分がどうにかなってしまいそう！と泣きそうになりました。

でも、そんな感情と闘うために、歌があるんですね。聖なるチャンツを共に唱え、自分の恐怖にフォーカスしないように、その恐怖さえも吹き飛ばすほどに、大きな声で歌を歌います。

私がそこで経験したのは、大きく声を出せば出すほど、それはもう自分の身体の外に出ているということでした。声を出すことの大切さはよく知っているつもりでしたが、このときほど「声に出してしまえば、内側の感情も外側に吐き出されて、もう自分にひっついていないんだ！」と思った体験はありません。

スウェット・ロッジは「母なる大地の子宮」といわれ、私たちがもう一度子宮から生まれて、魂が本当に持って生まれてきた自信や勇気を、取り戻すことを意味するそうです。セドナに行ったらぜひ、スウェット・ロッジにトライしてみてくださいね！

スピリチュアル & ヒーリング体験

サイキック ワンダのサイキック・リーディング

ワンダ・ザム・マレン　Wanda Zum Mallen
●問い合わせ先
レッドロック・スパ　Red Rock Spa
251 Highway179,Sedona, AZ 86336
TEL（928）203-9933
（人気のヒーラーなので予約するなら早めがベター）

「ワンダのリーディングを受けてみたらいいよ」とCHIZUKOさんがすすめてくれて、ついこの間セドナに行ったときに体験してきました。
　ワンダとの出逢いは私にとって、神様がくれたプレゼントであるかのようでした。彼女は、私が2007年の8月ごろに子供を産むと予言したのです。
　そのとき私は、「8月になんてありえるはずがない！」と思いました。
　だって、それは2006年の11月だったので、今すぐに妊娠しなければ、その予言ははずれるわけだからです。
　彼女は、クライアントの年齢を追って、そのときその人に何が起きるのかをリーディングしていきます。33歳ではこうなって34歳ではこうなってと、時間が許す限り、具体的にリーディングしてくれます。
　衝撃的だったのは、父との別れがあと10年したらやってくるといわれたことです。本当であったとしても、はずれたとしても、私の中で「親が逝ってしまう」という現実がまだリアルではなかったので、驚きで思わず涙が溢れました。
　もし今、失ったら……？　私は十分な感謝を伝えられているか、十分なコミュニケーションができているか――そんなことを考えさせられ、私にとっては重要なメッセージだった気がします。

さらに、当時5歳だった長男が生まれてきた意味を、ワンダは私に教えてくれました。彼は、私が父とのコミュニケーションと愛情をしっかりと確認できるように、橋渡しのような存在として生まれてきたと。
　ワンダのリーディングから2カ月たって、新しい年を迎えたころ、私は彼女の予言が本当だったことを知りました。妊娠2カ月でした。新しい命が私の中に芽生えていました……。本当に本当に、不思議な話です。

サイキック　パトリシアのマヤン・ヒーリング

パトリシア・フローレス　Patricia Flores
●問い合わせ先
TEL （928）282-2524
URL　http://www.mayanhealinghands.com/
eメール　patricia@mayanhealinghands.com

　友人で占星術家の水晶玉子さんが、2002年に女性誌「SPUR」の取材でセドナを訪れたときに受けたのが、パトリシアの「マヤン・ヒーリング・ハンズ」というセッション。アロマオイルで全身をマッサージしながら、リーディングをするというユニークなスタイルです。
　彼女が来日したときに私も受けたことがありますが、水晶さんの知り合いの編集者が最近、セドナで体験しているので、コメントを紹介します。
「メキシコ生まれのパトリシアは、マヤのシャーマンの家系だそうです。まず精霊に祈りを捧げ、全身のリンパマッサージをしながら、受け取ったメッセージを伝えていきます。気持ちが良くて、つい眠ってしまっても大丈夫です。リクエストすれば、セッション後に手紙を書いて渡してくれます。
　未来のことを知るだけでなく、心身ともに浄化作用もあるようなので、ストレスフルな人や、人生をリセットしたい！という気分の人におすすめです。ちなみに、そのとき仕事やプライベートについていわれたことは、1年後の今、すべて現実になっています」

スピリチュアル＆ヒーリング体験

ヒーリング　コマラのサウンドレゾナンス

コマラ・ローデ　Komala U. Rohde
●セドナにてセッション希望の場合
　eメール　komala@gmx.net　FAX（928）204-0066
●日本でのコンタクトは「サウンドレゾナンス・ジャパン」まで
　URL http://soundresonance.jp/　eメール info@soundresonance.jp

　コマラは私のセラピストとしての師匠であり、また私の心をわかってくれている数少ない人でもあります。
　彼女は、ドイツのオーラソーマのパイオニア的存在でした。現在はオーラソーマのティーチングからシフトし、「サウンドレゾナンス」という、彼女の得意な分野である音楽を活かしてヒーリングする活動と、そのティーチングをしています。
　最初に彼女のセッションを受けたとき、あまりのその正確さに言葉がありませんでした。私は今まで、たくさんのカウンセリングやリーディングを体験してきて、自分自身のことも少しはわかっているという、ちょっぴりやりにくいクライアントだったに違いないと思うのですが、彼女は気負いもなく、そのときの私にいちばん必要なメッセージを伝えてくれました。
　その言葉は私の心にガツンと響いて、今思えばとても恥ずかしいけれど、コマラの膝(ひざ)の上で大泣きしてしまいました。
　自分では知っているけど、あえてそこは見ないようにしている自分の弱い部分や、誰かに聞いてもらえたら楽になれるというような、そんな影の部分を、コマラは愛ある態度で話してくれるのです。

コマラとは本当に魂がつながっている、そんな感じがいつもします

　彼女のサウンドレゾナンスのワークは、その人の声を録音することから始まります。声も特定の波動であり、そこにはその人特有の色があります。
　リラックスしているときの声と、怒っているときの声の質って、違いますよね。その声の波動を色彩に置き換え、リーディングしていくのですが、コマラの素晴らしさはそこには留(とど)まりません。
　彼女は看護師というキャリアの持ち主で、心と身体の関係性を長い間探究してきたので、どの部分にその人がストレスを溜めやすいか、またそのストレスをどうマネージしていけばいいのかを指示してくれるのです。
　コマラが21世紀に残していくのはきっと、次世代のヒーリングであることを、彼女のもとで勉強しながらいつも感じます。
　彼女はセドナに住んでいますが、日本にもたびたび訪れてセッションやコースをやっているので、興味がある方はぜひ、彼女に会いに行ってみてください。

スピリチュアル＆ヒーリング体験

ヒーリング　キアラのブレスワーク

キアラ・ガスパロ　Dr. Chiara Gasparro, Ed.D.
●問い合わせ先
eメール　chiarabreath@esedona.net

　キアラは、とても可愛らしい女性です。私はキアラに出逢ったことで、身体がすいぶん楽になり、自分とのつきあい方を学んだ気がします。
　彼女に出逢うまで、呼吸がそんなに大事なものだなんて思いもしなかった――というのが本当のところです。今はヨガブームなどで、呼吸法の大切さが取り上げられることが多く、呼吸が気持ちにも大きな影響を与えていることはわりと知られていますが……。そのころの私はまったくそんなことを知らずに、キアラのお家にブレスワークを受けに行きました。

　「ブレスワーク」とは、呼吸を使って、ストレスを身体の外側に出していくワークです。そのときに感じているストレスはもちろん、過去に感じたものでも構いません。人間の身体はストレスを記憶していて、呼吸を通してアクセスすることができます。ヒプノシス（退行催眠）にも少し近いのかなと今では思いますが、ヒプノシスのように深く入ってしまわないように注意しながら、呼吸を続けていきます。
　そうするといろいろな発見が！　自分が息を止めている瞬間がたくさんあったり、呼吸がうまくできていない瞬間があったりするんですね。

呼吸ですべてが変わるなんて……!! でも本当に変わるんですよ

　みんなそれぞれ、呼吸のクセというか特徴みたいなものがあって、それをまず自覚します。そこから自分の頭に浮かんできたイメージなどを、深い呼吸を続けながらシェアして話していきます。
　このとき私はグループで受けたのですが、友だちの一人は涙が止まらなくなって、ずっと泣いていました。別の友だちは、中学生ぐらいの自分が親から逃げているイメージが鮮明にあったようです。手を動かして走るイメージを浮かべて、「そこから逃げなさい！」といわれて走るような格好をして、実際に走っているときみたいに呼吸を速くもっていくことで、そこにあった感情を吐き出していました。
　私はどうなったかというと、身体の中に以前手術したときの麻酔がたくさん残っているみたいに、すぐに意識が遠くなるんですね。
　その身体の記憶を、呼吸と共にゆっくり出していく──ということをメインにワークしました。このブレスワークは、私のその後のセラピーでもずいぶん役に立って、いろんな気づきを与えてくれています。
　キアラは最近、ブレスワークだけでなく「ヒューマン・デザイン」というセッションもやっているそうです。
　身体と心が本当につながっていることを体験できる、キアラのセッション。一度お試しあれ！

スピリチュアル＆ヒーリング体験

ヒーリング ジョンのディジュリドゥ

ジョン・デュマス　John Dumas
●問い合わせ先
URL　http://www.johndumas.com/
eメール　didgedumas@hotmail.com

　ジョンは、セドナの有名なアーティスト。サボテンを乾燥させて作った「ディジュリドゥ」という大きな笛のような楽器を使って、大地に響くような音色で演奏してくれます。

　彼のセッションをはじめて受けたとき、その楽器の大きさに驚きました。というか砂漠に生えているあのサボテンなわけですから、とてつもなく長いんです!!

　中は空洞になっていて、これをどうやって奏でるの？　と興味津々の私に「床に横になって」と一言。身体の上にその大きな笛の先を向け、演奏が始まりました。

　ボォーっという低音が、ものすごく優しく振動して、身体を空気でマッサージされてるみたいな感覚におちいります。

　まず1番目のチャクラ（仙骨のあたり）から、徐々に上に上がっていくのですが、上に上がるほどに音が変わっていくのに気がつきました。見ると、さっきと笛の種類が変わってる！　仙骨から頭頂まで7つのチャクラに合わせて、そのチャクラのバランスを取るような音階の楽器を、彼は選んでいたのです。

　このセッションは1時間ぐらい続くのですが、いつのまにか爆睡！　セッションの合間合間にたいてくれる、セージの香りも最高です。

　泊まっているホテルまで来てくれるので、気軽に体験できる、私のお気に入りのワークの1つです。

エステ ディビオのホットストーン・マッサージ

ディビオ　Divyo
●問い合わせ先
425 Flaming Arrow Way, Sedona, AZ 86336
TEL（928)204-2489　eメール divrama@esedona.net

　黒曜石のように黒い石を温め、身体のツボにのせてマッサージをする「ホットストーン」のセッション。別名「ラ・ストーン」とも呼ばれています。
　はじめてディビオのトリートメントを受けたときの感動は、すごかった！
　ディビオは母性溢れる優しい雰囲気を漂わせた女性で、でも内面にあるパワフルさがハンドタッチで伝わってくる、そんな人。
　彼女にトリートメントをしてもらうと、心も身体もほぐされて、ふにゃふにゃになります。私は性格的に、あまり人前で気が抜けることがないのですが、ディビオのトリートメントから帰ってくると、友人に「赤ちゃんみたい」とか「優しい顔してるよ」といわれるくらい、骨抜きになります。
　彼女が使うアロマの精油たちも、どこかで知っている香りなのに、それが何なのかがわからないというような、魔法のブレンドなのです。その香りをもう一度嗅ぎたくて、セドナに行くたび、ついつい彼女のトリートメントを受けてしまう。
　一度うちの旦那さんが、彼女のトリートメントを受けたことがあったのですが、やはり頬が赤くなって、血行が良くなりました！というような顔をして戻ってきたので、男の人にも、日ごろ出せない心と身体のストレスを流してもらうのには、おすすめかもしれません！
　電話やeメールで直接、申し込むほか、セドナ・ルージュホテル＆スパ（→ P 95）でもセッションをアレンジしてくれます。

スピリチュアル & ヒーリング体験

エステ　赤い土のクレイパック

セドナズ・ニューデイ・スパ　Sedona's New Day Spa
3004 West Highway 89A Ste1, Sedona, AZ 86336
TEL （928）282-7502
URL http://www.sedonanewdayspa.com/
eメール welcome@sedonanewdayspa.com
🕘 9:00～20:00（無休）

　セドナの赤い山のエネルギーの強さは、はかりしれません。この赤い山の土を塗って、マッサージしてくれるスパがあります。
　このパックは、本当にすごいです。体中に赤い土を塗るのですが、クラクラするくらいにエネルギーを感じてしまい、放心状態に……。
　次の日、身体から毒素が出たのか、急に熱っぽくなり3日ほど熱が出ました。私は普段あんまり熱を出すタイプでもないので、クレイパックできっと、身体の芯に溜まりに溜まったストレスが一気に噴き出たんだと思います。
　まさに、赤い土に精神と霊性を癒やされていく感じです。
　実際には、美容目的のメニューとして紹介されていますが、「まず身体から浄化！」と思う人にはおすすめです。身体は素直に赤い土のエネルギーに反応して、もう必要なくなったものを外に出す手助けをしてくれます。
　トリートメントが終わったあとは、心地良い眠さが出てきたりするので、ベジタリアンカフェに行ったりして、のんびりとお茶を飲んだり優しい食事をして体調を整えると、最高だと思います。

おすすめ！ セドナブランドの自然派スパ製品

　セドナには、ボディークリームやスクラブ、アロママッサージオイルなど、地元のスパブランドのコスメがいっぱい！　ナチュラルで香りの強すぎないものが多く、素材もオーガニックにこだわっていたりと、なかなかすぐれものです。お気に入りのセドナブランドを探してみるのも楽しいかも！　レッドロックの赤い土の入ったパックやソープは、お友だちへのお土産にも喜ばれると思います。

BODY BLISS Factory Direct
ボディブリス・ファクトリーダイレクト
URL　http://www.bodyblissfactorydirect.com/

　どこか東洋的なスピリットが漂うスパ製品。アップタウンの直営店（→P67）では、フェイシャル、ボディー、ヘアケア、バスソルトなど一通り揃うので、時間のないときのお土産探しにも重宝！　アロマオイルを使ったエアフレッシュナーは、場の浄化や気分転換に。シチュエーション別にいろんな種類あり。写真は「シンクロニシティー」（右）と「メディテーション」。

エアフレッシュナーは、60ml入りで約$11。いい香りです！

SEDONA SPA
セドナスパ
URL http://www.sedonaworldwide.com/sedonaspa/

　アロエなど砂漠の植物成分入りのフェイシャル、海藻成分入りのボディーケアなど、ユニークなラインの揃う「セドナスパ」。1回分ずつのミネラル・フェイシャルパックは、お土産にも手ごろ。写真はアップタウンの「キャンドルズ・バス＆ボディ」のセドナスパコーナー。

セドナの石の話

石との不思議な出合い

　私は石が大好きです。
　セドナには石屋さんが当たり前のようにいっぱいあって、石の値段も日本人の私たちには考えられないほど、リーズナブル。そして何よりもキラキラ光って、エネルギーもイキイキしています。
　この間、ザ・ワイ交差点のすぐそばで、たまたま閉店セールをやっていた石屋さんに入ったのですが、床に置いた段ボールの中に、捨てられた子猫のように綺麗な石がゴロゴロ……。
　こんなに綺麗に発色しているクリソコラ（ターコイズのような色をしている石）なんて見たことがない！というものにも出合いました。
　その店では、クリスタルのさまざまな種類が並べられて、クリスタルのことに少し詳しければ思わず嬉しくなってしまうような、レコードキーパーやトランスミッター、チャネリング、ダウクリスタルなどの種類が網羅されていました。
　感激してお店の人に話しかけると、彼女は「あなたにぴったりだと思うものがあるので、ちょっと待ってて」といい、裏の倉庫からものすごく綺麗なクリスタルを出してくれました。

これがその「インナーチャイルド」。お店の
おばさんが、倉庫から大事そうに出してき
てくれた逸品！

　驚いたのは、それが「インナーチャイルド」と呼ばれるマスタークリスタル（特別な力を持っているクリスタル）だったこと。
「この石はずっと、このお店で眠っていたの。でも、ぴったりな人がなかなか現れなくて……。あなたに似合うと思うけれど」
　彼女のいいたいことは私にはよくわかり、その石は私にとってかけがえのない宝物となりました。（余談ですが、この店にはワンダのリーディングのあとに出かけました。「インナーチャイルド」というキーワードは、私と父との関係性のリーディングで、彼女が使ったキーワードの1つでもあったのが驚きでした）
　セドナでは、どこの石屋さんに入ってもフレンドリーに話しかけてくれ、親切にその効果やエネルギーなどについて教えてくれるので、病みつきになってしまいます。
　セドナの町を歩いていたら、自分にぴったりな石をきっと見つけられるはずです！

セドナの石の話

家に帰りたがった石

　山の石や川の石などは、あまり持ち帰らないほうが良いといわれていますよね。ハワイなんかでは、持ち帰った石をわざわざ送り返してくる人たちが多くて、国立公園の入り口に、大きな返却の山が出来ているほど。
　セドナの山の石も、それに匹敵するのかどうかはわかりませんが、最初の旅のときに、私は持って帰ってしまったんですね……。
　その石が何か災難を起こした……というような怖い話ではないのですが、石を玄関に飾っていたら、カセドラルロックに行ったときに持ち帰った石が、ものすごくアピールしてくるんですね。「帰りたい……ああ帰りたい」というような感じで。
　玄関に置いてあるものだから、家を出ていくたび帰るたびにそれをいわれている気がして、私はその石をセドナに返しに行く決心をしました。
　その旅では、真っ先にカセドラルロックへ登り、それをいちばんぴったりくるところに返しました。「ごめんね、長い間、一緒に日本に連れてきてしまって」
　石は安心したかのように赤い地面に馴染んで、それを見た私もほっとしました。石には記憶があり、そして思いがあるんだなと、改めて考えさせられる体験でした。

◎ セドナで出合った可愛い石たち ◎

P118で紹介した、今はなき石屋さんで買いました。お店のおばさんが石のことをすごく勉強していて、浄化するときのテクニックはすごかった！

これもその石屋さんで。触ると氷みたいに冷たい「アイスクリスタル」。とってもめずらしいものなので、大事にしています

「イシス」と呼ばれる、愛情に関する問題をヒーリングしてくれるマスタークリスタル。とっても綺麗で、ひと目惚れでget！

「トランスミッター」と呼ばれるマスタークリスタル。お願いごとをかなえてくれる、マジッククリスタルなのです。大切にしています！

純度の高いハーキマーダイヤモンド（クリスタルの一種）。クリスタル・ヒーリングで使うと、目標を立てるときのビジョンにつながりやすく、頼もしいです

これもハーキマーダイヤモンド。日本でこの石を買おうものなら何万円もするのに、セドナではものすごく手ごろな値段で手に入ります

「エレスチャル」というマスタークリスタル。中にお水が入っていて、神秘的な輝きが。何十年、何百年前からの水が入っているなんて素敵です

これは私が、クリスタル・ヒーリングのセッションで使うために買いました。ハートの浄化や、マインドをクリアにするときに

最初の旅のとき買いました。肩こりのひどい私は、このクリスタルでよく指圧をしています。早いもので、この子とも7年間のおつきあい

エッセイ── 内側への旅

セドナで「声」が聞こえる訳

　考えてみると、私にとって特別な場所は、ドイツとセドナだといえます。
　ドイツは私の過去生において、何度も生まれ変わっている場所だという感覚があるし、私にとって大きな位置を占める国。でも存在が大きすぎて、気軽に行くことはできない……。
　その点セドナは、疲れたときや息抜きしたいとき、家に帰るような気持ちで行きたくなります。そういえば私は人生の節目節目で、セドナに呼ばれて行っているような気がします。
「セドナに行っても、何も変わらなかった」という人もいます。でも、それはセドナに期待する気持ちが、ちょっと多いのかもしれません。
　セドナに行ったら運命が変わるとか、すべてがうまくいく、というものではない気がしますが、気軽に行くとかえって、びっくりするような変化があります。
　私ももともと、何の期待もしていませんでした。何しろ最初の旅の目的は、「インディアンジュエリーを、たくさん買いたい！」でしたから。

私にとってセドナは、たまたまテーマがあるときに行きたくなる場所でもあります。自分の中に潜在的にあるものが、クリアになるというか。
　人はいつでも自分の人生のことを考えているものだけど、日本にいると人も情報も多すぎて、つい忘れてしまう。その点、セドナは情報量が少ないから、自分の問題にフォーカスできる。
　特別なことは何もしなくても、「声」が聞こえるんです。都会は忙しすぎて、自分にやってくる声に気づけないんでしょうね。
　それにセドナにいると、自分の興味があるものに積極的にコネクトできるから、シンクロニシティーがすごく起こってきます。自分の本当の欲求に気づく、という感じでしょうか。セドナは、自分の人生のトピックスについて、考えやすい場所だなと思います。
　雑誌やガイドブックなどでよく取り上げられている、サイキック・リーディングやヒーリング、パワースポットへのハイキングなどは、マインドをクリアにして考えやすくするためのオプションに過ぎないと、私は思っています。

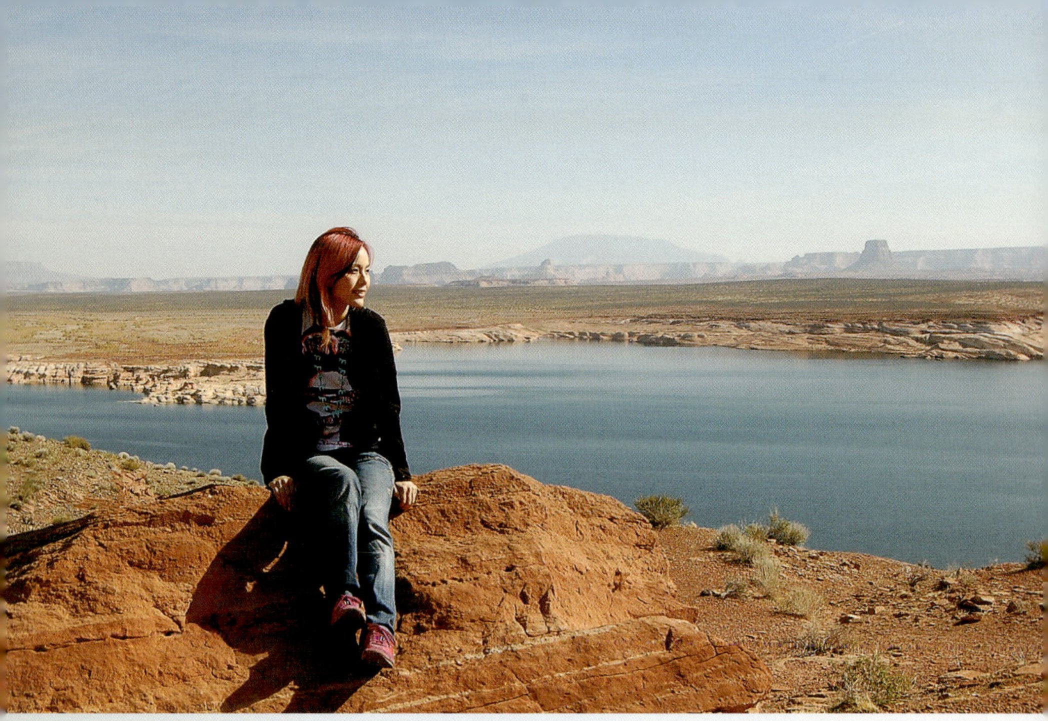

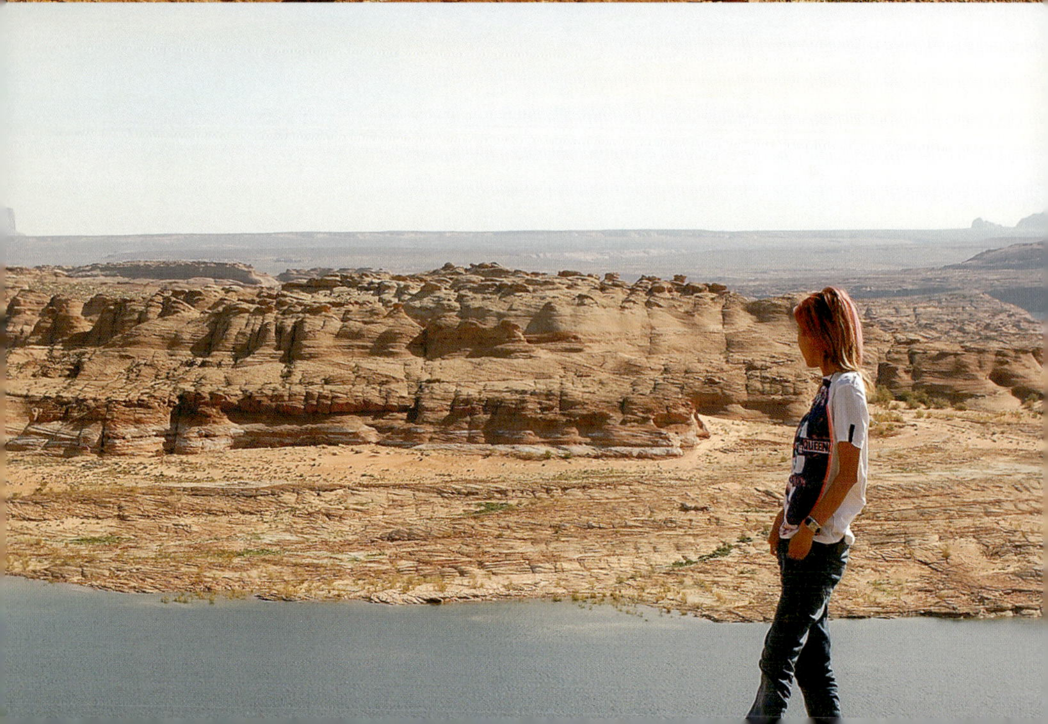
QUEEN

変化している人が惹かれる場所

　期待しすぎてうまくいかなかったときに、誰かのせいにするのは、とっても悲しいこと。まずは自分の人生プランは、自分で組み立てるべき。──そういう人をセドナは応援してくれると、私は思っています。
　前にも書きましたが、セドナは、自立をうながされる場所なんですね。
　生きていると、自分で自分がわからなくなってしまうことが、たびたび起きますよね。だけど、「本当の私は、こんなじゃない！」と思っているだけでは、何も変わらない。
　本当の自分の欲求に気づいて、それを変える行動を自分がしなければいけない。自分が少し、気持ちや態度を変えられると、少しずつ現状が変化していく。そうして、人はなりたい自分に近づいていけるのだと思います。
　セドナに行ったら、そのとき抱えている問題と、どうシンクロするかが一番のハイライトというか見どころです。

　セドナでは、みんな何かしら変化します。というより、セドナは変化している人が惹かれる場所なのかもしれません。自分が変わっていく途中で少し不安になって、スピリチュアルなものに興味がわいてきて、結果的に、セドナに行くことになるのかもしれないし……。
　ただ、「行きたい行きたい」と思っていても、なぜか行かれないときもあります。行きたいのに行けないときは、どこへ行くときでもそうだと思うのですが、それなりの意味があると思うんです。自分にとって絶妙なタイミングがきっとあって、それを無意識に調整している気がします。
　自分の中に染みついているパターンを1個1個はずしていくことで、人間って楽になれるんだなと最近、思い始めました。私の場合、自分が変わり始めたときこそ、セドナに行くことができるんだ、と思っています。

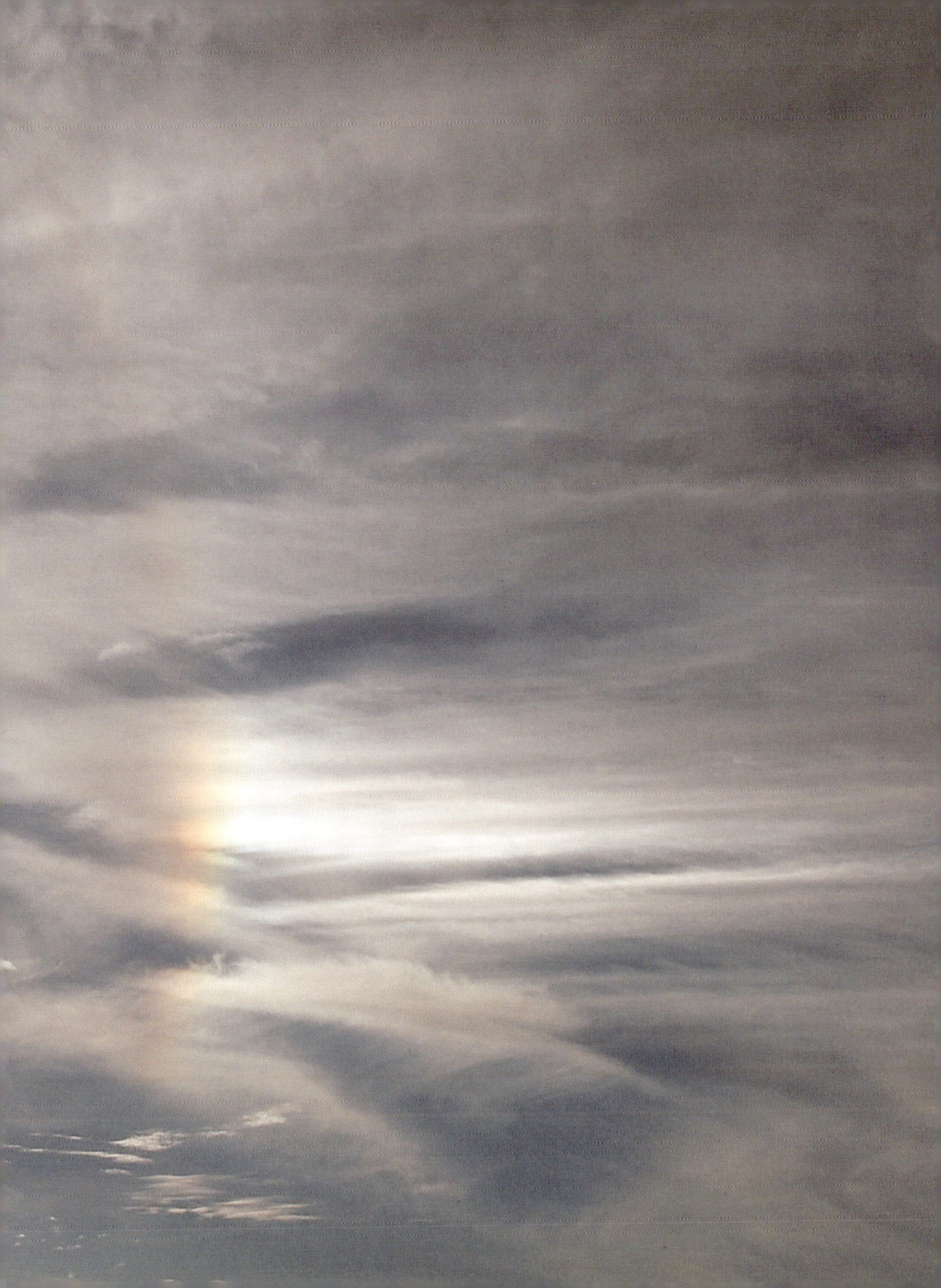

忘れられない3度目のセドナ

　思えば20歳でデビューして以来、私はいつでもマネージャーやスタッフなど、誰かが何でもやってくれる人生でした。知らないうちに、誰かがいないとどこにも行けないような、そんな気持ちが強くなってしまっていました。
「このままいつまでも、人に面倒を見てもらう人生でいいのかな？」と思うようになったのが、23歳のとき。
　ドイツに一人旅に出かけたのも、そんな問いかけがきっかけでした。
　一人旅をしたことで、私の価値観はすごく変わりました。自分で自分の人生を生きなければいけないな、自分の足で立たなきゃ、と思えたからです。

　2000年の春、偶然の導きからセドナに行こうと思いたち、それからわずか3カ月後に、2度目のセドナ。
　3度目のセドナ行きには、不思議なエピソードがあります。
　2度目の旅から数カ月後、私は一人で行くつもりで、1カ月後のセドナ行きのチケットを持っていました。
　ところが、はずせない仕事が入って、旅行はキャンセルすることに……。そうこうするうちに、今の夫と結婚することになり、大きく人生が変わったのです。妊娠、出産と続いて、しばらくセドナには行かれないままでした。
　そんな人生の大転換期を経た3度目のセドナは、忘れられないものになりました。
　そのころ私は、オーラソーマのティーチャーズコースの最終トレーニングを受けようかどうしようか、迷っていました。ティーチャーズコースが開催される場所は、フィジーだったのですが、その年のその方角がとても悪くて、妙に気になっていたのです。

日本から直には行きたくないなと思って、たまたま浮かんだのがロサンゼルス経由。ロスに行くなら、セドナで少し休暇をと……。セドナに行ったことがなかった夫も「一度行ってみたい」と乗り気で、一緒に行くことになりました。

　セドナにはオーラソーマの先生が何人か住んでいて、そのうちの一人であるティーチャーのコンサルテーションを受けてみました。すると、コンサルテーション中に、こんなことをいわれました。
「いつまで怖がっているの？　あなたには、スピリチュアリティを世の中に発信していくミッションがあるのに。あなた自身が恐れていては、新しいメッセージはみんなに伝わらないわ。自信を持ってやってみなさい」
　そういわれて、やっと決心がつきました。スピリチュアルなことを発信していくのも、セラピストとして頑張ってみることも、セドナが私を励ましてプッシュしてくれたんですね。

　セラピストとしてやっていくことを決心できたのが、3度目のセドナ旅行だとしたら、4度目は、「セドナをみんなに発信していきたい」と思えた旅でした。CHIZUKOさんに、「セドナの本を書けばいいじゃない。協力するわよ」といわれたのです。
　セドナの町を取材という目で見たり、本格的に写真を撮ったりし始めたのは、この4度目の旅からです。

自分の内側の旅へ

　この間行ったばかりなのに、3カ月もたたないうちに、セドナを再び訪れた友人がいました。彼女の中のスピリチュアリティは全開になっている感じで、セドナのとりこになっていました。
　1度目の旅を終えて戻ってきたとき、友人みんなでびっくりしたのは、彼女が別人のように変容してしまったことです。
　旅立つ前の彼女は、恋愛に悩み、そして今後の仕事のことで大きく揺れていました。彼女はいつも「一人では寂しい」と口グセのように言っていましたが、2度目は一人で旅に出ました。それまで1度も一人で旅などしたことがなかった彼女が、そこまで行動的になるなんて……。
　セドナへの旅は単なるヴァカンスではなく、彼女の内側の旅も意味していたんだなと、本当に感じました。
　私自身の体験もそうでしたが、セドナへの旅は、通常のヴァカンスとはまったく違う意味を持っていると思います。内面の扉が開かれて、古いアイデンティティーが新しく生まれ変わっていくプロセスが始まるのを、旅に出た人みんなが体験していくのです。
　そういうエネルギーが、この場所にはあるというだけではなく、この場所に惹きつけられる人が偶然にも、人生の分岐点に立っていることが多いといえるのかもしれません。
　もしこれからセドナに行こうとしていたり、行ってみたいと思っていたならば、あなたは何か人生の分岐点に立っていて、自分の夢や意思の調整をセドナは手伝ってくれるかもしれません。
　身体が旅をするヴァカンスと、気持ちの中だけで、実際に行ってみている自分を想像するトリップ。どっちにしても、セドナは思っているだけで私たちに力をくれることは間違いない気がします。
　セドナを思うたびに、自分のくつろげてない部分に気がついて、ああ少し深呼吸したほうが良いなとか、もっとナチュラルに物事を考えたほうが良いなとか、そういうさりげないメッセージが心に浮かびます。
　惹かれている……思っている……ただそれだけでも十分にエネルギーを与えてくれる、セドナって不思議な場所です。

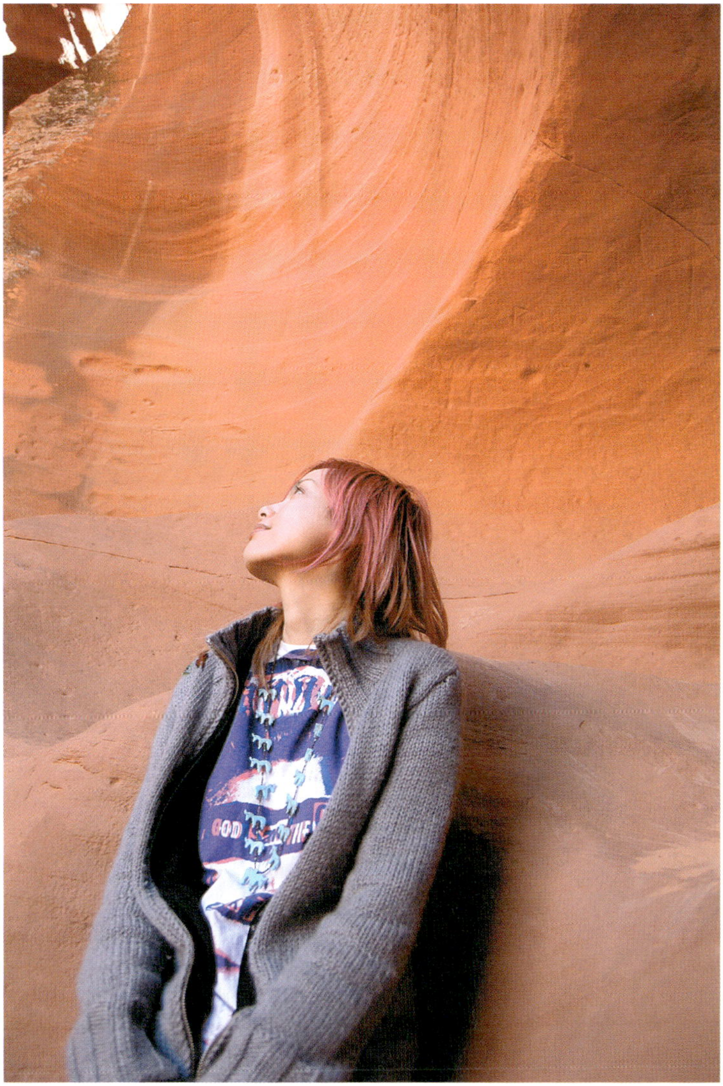

セドナに「呼ばれる」ということ

　セドナに行くと人生が変わる——と、よく言いますし、よく聞きます。
　私はどうだったかというと、やっぱり大きく流れが変わった気がします。行くたびに毎回、さまざまな形でメッセージやアイデアを受け取り、それを自分の日常に戻ったときにゆっくりと実践しながら気がつくと、セドナへの旅がターニングポイントになっていて、「あのとき勇気を出して、旅して良かった」と思えることばかりです。
　1度目の旅で、凍りついている自分のパートに気がついて、それを解放することを学んで、
　2度目の旅で、自分自身の結婚と子供について考えさせられて、
　3度目の旅で、セラピストとして活動していくということを見つめて、
　4度目の旅で、スピリチュアリティをメディアに向けて発信していく決心をうながされて……と、私のセドナへの旅は、そのつど大きなテーマを与えられています。

そのテーマをクリアできていないと、不思議とセドナに戻れないんですね。
　1度目と2度目の旅の間隔は半年もなく、すぐ行ったのですが、2度目と3度目の間には、2年以上の月日がありました。
　セドナに呼ばれて人が旅をするとき、それはきっと宇宙が魂を引き寄せてメッセージを与えるときであり、それを日常に持ち帰り、学びとして受け入れるまで旅は終わっていないんだ、ということがいえるのではないかと思います。
　いちばん最近の7度目のセドナへの旅で、私が受け取ったメッセージは、「人間は誰しも、1度に多くのものを受け取ってもいい存在なんだ」ということでした。
　私の考え方の中には、1つ受け取ったら、もう1つは受け取れない……というような思考があったのですが、その旅の中で、「いくつでも欲しいものを受け取っても、罪ではないんだ！」ということに気がつきました。
　私のこの旅はまだ始まったばかりで、終わってはいません。私が本当にこの意味を理解したら、次のセドナへの旅の扉が開かれる気がします。

終わりに

　ここに書いてきたすべてのフィーリングは、私が感じたセドナです。
　みなさんがそれぞれのスポットを訪れたとき、どんなセドナを感じるか、とても楽しみです。私が次にセドナに行くのは、何年先かはわからないけれど、どれだけ遠く離れていて、そこへ行けなかったとしても、心はセドナにいつもつながっています。
　この本の実現にあたり、天使が私にもたらしてくれた出逢い。それは、お友だちの水晶玉子さんが、実業之日本社の高森玲子さんに逢わせてくれたこと。水晶さん、本当にありがとう！
　オーラソーマの先輩でもあり、尊敬してやまない武藤悦子先生。セドナに住んでいたときのことをシェアしてくたり、キアラや千鶴子さんとの連絡を一生懸命サポートしてくださって、ありがとうございました。
　そして天使が運んでくれた、もうひとつのギフト。それは中森じゅあんさんが、私のためにこの本の推薦文を書いてくださったことです。本当にありがとうございました！

　セドナ。
　私は目を閉じることで、そこへいつでも行くことができる。
　心はいつも天使たちと一緒に、町を飛び回っている。
　いつか息子たちを連れて、行ける日を夢見て。

　この本の実現に力を貸してくれたすべての人たち、そして存在にありがとう！
愛を込めて。

2008年　相川七瀬

著者プロフィール

相川七瀬（あいかわ ななせ）
ロックボーカリスト。詩人。作家。
1995年「夢見る少女じゃいられない」でデビューして以来、現在までのCDトータルセールスは1200万枚を超える。自身が前世療法によって癒されたことから、スピリチュアルなことに興味を持ち、その後、日本最年少のオーラソーマレベル3ティーチャーに。著書に『ダリア』（アスペクト）、『神結び 日本の聖地をめぐる旅』（実業之日本社）など多数。

カバーデザイン／こやまたかこ
本文デザイン＆図版作製／鈴木ユカ

写真撮影／相川七瀬とその友人たち
＊　＊　＊　＊　＊　＊　＊
　　　星野　修（P22、P30、P42、P46）
　　　小塚恭子（P60〜61、P119、P121）
　　　本間信彦（P80の陶器、P91のウサギなど）
　　　佐渡祥子（P85のピザ、P87の料理など）

取材協力
セドナ商工会議所観光局（Sedona Chamber of Commerce Tourism Bureau）
アメリカ西部5州政府観光局（The U.S.Western States Tourism Office）

Special Thanks
佐渡祥子（セドナ商工会議所観光局）、南部貴子（アメリカ西部5州政府観光局）、
中嶋美紀（有限会社BLESS）、株式会社アールアンドシーツアーズ、
三宅明子、清田加奈子、二宮直樹（ＫＣジョーンズ）、ORENDA Students

編集担当／高森玲子（実業之日本社）
（本書に掲載のデータは2008年3月のものですが、重版時にできるだけ情報を更新しています）

セドナ 天使の町　Angel Town SEDONA GUIDE

2008年4月16日　初版第1刷発行
2014年8月24日　初版第1刷発行

著　者　　相川七瀬
発行者　　村山秀夫
発行所　　実業之日本社
　　　　　〒104-8233　東京都中央区京橋3-7-5 京橋スクエア
　　　　　【編集部】03-3535-3361　【販売部】03-3535-4441
　　　　　振替 00110-6-326
　　　　　実業之日本社のホームページ http://www.j-n.co.jp/
印　刷　　大日本印刷株式会社
製本所　　株式会社ブックアート

© 2008 Nanase Aikawa
ISBN978-4-408-61189-1　Printed in Japan
落丁・乱丁の場合はお取り換えいたします。（趣味・実用）

実業之日本社のプライバシーポリシー（個人情報の取り扱い）は、上記サイトをご覧ください。
本書の一部あるいは全部を無断で複写・複製（コピー、スキャン、デジタル化等）・転載することは、法律で認められた場合を除き、禁じられています。また、購入者以外の第三者による本書のいかなる電子複製も一切認められておりません。